Deutsche Kulinarische Republik

»Zum Leben aber gehört vor allem Essen und Trinken. Die erste geschichtliche Tat ist also die Erzeugung der Mittel zur Befriedigung dieser Bedürfnisse, die Produktion des materiellen Lebens selbst, und zwar ist dies eine geschichtliche Tat, eine Grundbedingung aller Geschichte, die noch heute, wie vor Jahrtausenden, täglich und stündlich erfüllt werden muß, um die Menschen nur am Leben zu erhalten.«

Karl Marx/Friedrich Engels, 1845

»Die ökonomische Hauptaufgabe erfordert, unserer Bevölkerung den Tisch in jeder Beziehung wirklich reichhaltig zu decken.«

Walter Ulbricht, 1960

Inhalt

MALFA KRAFTMA MAI

BROT

mit eigenem
Geschmack,
großem Frisch-
haltevermögen, –
deshalb
von besonderer
Beliebtheit.

·BAKO·BERLIN·
bako
SPEZIAL
BROT
·BETRIEB AKTIVIST·

| 1000g 0,75 M |

SchL-Nr. 174 33 1007

BRO

| 1000g |

SchL-Nr. 174

Der Morgen des 11. Mai 1945 ist klamm und feucht. Wolken hängen über dem Land. Während in Berlin Marschall Shukow die neuen Lebensmittelrationen diktiert, hüpft Bäckergehilfe Franz A. aus seiner Leipziger Backstube. Vor dem Laden harrt eine Schlange sächsischer Frühaufsteher. Die Leute haben die Kragen hochgeschlagen und äugen forschend durch die Scheibe.
Gehilfe A. wischt sich die mehligen Finger an seiner Schürze. Er faßt eine Stiege Schrotbrot und wuchtet sie auf den Verkaufstisch. »Guten Appetit!«, denkt er und geht die Ladentür öffnen. Dies ist die Geburtsstunde der Deutschen Kulinarischen Republik.

Jahrzehnte später lebten die DKR-Bürger in Saus und Braus: Morgens bestrichen sie ihr Rehbrücker Toastbrot mit Sauerkirschmarmelade, mittags stärkten sie sich in den Kantinen der volkseigenen Betriebe, abends und am Wochenende bevölkerten sie die Gaststätten der Städte und Gemeinden. Sie verspeisten Ketwürste, Goldbroiler und Grillettas, zischten Kombinats-Bier und kühlten sich den Gaumen an Komet-Speiseeis. Ihren Nachwuchs schickten sie zur Schulspeisung und füllten ihm die Brottasche mit Malfa-Kraftma-Brot. Selbst auf Reisen bot sich Gelegenheit für einen schmackhaften Imbiß – in den weinroten Speisewagen der MITROPA.
Vom Schlaraffenland unterschied sich die DKR nur dadurch, daß in ihr alles seinen Preis hatte: den EVP.

MIT
DEM
FORTSCHRITT
HAND IN HAND

Pünktlich neun Uhr schrillt die Werksirene zur Frühstückspause. Rohrleger Manfred K. läßt den Schraubschlüssel fallen und macht es sich auf einer Rolle Isolierpappe bequem. Er klappt die Stullenbüchse auf und registriert befriedigt, daß ihm seine Frau zwei Eberswalder Würstchen und eine polnische Gurke zwischen Schnitten und Büchsenrand gequetscht hat. »So läßt sich's leben«, denkt er vergnügt. Als Manfred K. am Kauen ist, taucht Werkleiter P. auf. »Na, Kollege, schmeckt's?«, gibt sich der Werkleiter volksnah. Ehe Rohrleger K. die Situation einschätzen kann, ist P. schon vorbei. »... den Plan nicht vergessen ...«, hört man ihn noch murmeln.

Rohrleger K. packt seine angebissene Stulle zurück in die Büchse. »So wie wir heute essen, werden wir morgen arbeiten«, denkt er schadenfroh. Dann schneuzt er sich.

Ob Rohrleger oder Werkleiter: die DKR-Werktätigen hatten alle Hände voll zu tun. Pläne riefen, Rückstände drohten und zwischendurch mußte immer mal das Rad neu erfunden werden. Dabei lauerte von allen Seiten Unbill: Vermeintliche Giftmischer, erschöpfte Maschinen und Mutter Natur.

Zyankali-Zucker

Juli 1962: An einem mit Weißzucker beladenen Güterwaggon aus Hamburg klebte ein Zettel: »Vorsicht, Zyankali!« Die süße Ladung wurde sofort von Chemikern unter die Lupe genommen, erwies sich aber als »ernährungsphysiologisch einwandfrei«. Anscheinend das Werk eines Scherzkekses.

Doch die Kunde vom »Zyankali-Zucker« drang bis zum Vorsitzenden des Ministerrates, Willi Stoph, der prompt anwies, »alle Importrohstoffe aus Westdeutschland auf ihre lebensmittelhygienische Unbedenklichkeit gesondert untersuchen zu lassen«.

Noch jahrelang zapften Bezirks-Hygiene-Institute und Betriebsinspekteure regelmäßig Stichproben, ohne je auf Gift zu stoßen. Kosten: 150 000 Mark pro Jahr. Erst 1967 blies Lebensmittelminister Krack die Kontrollen ab.

PUDER ZUCKER

450 g   0,78 M

TGL 3070
VEB Zuckerfabrik Löbau
BETRIEBS-NR. 07263043   ELN-NR. 17612~~0

Die Gömann-Affäre

In den sechziger Jahren sorgte ein wunderlicher Zeitgenosse für Furore im Röstkaffee-Sektor. In vehementen Eingaben an Staats- und Ministerrat, SED-Zentralkomitee und Gewerkschaftsvorstand geißelte er das Verschleudern von Valuta-Milliarden für kostspieligen Arabica-Rohkaffee und forderte die »perfekte Kaffeewirtschaft«. Ein Wichtigtuer oder ein Retter in der Kaffeenot?

Hans Gömann, der seine Briefe stets mit »Kaffee-Experte« zeichnete, kannte sich aus: gelernter Kaffee-Kaufmann, Gutachter beim Deutschen Amt für Material- und Warenprüfung, fünfunddreißig Jahre Dienst an der Röstmaschine. »Millionen Werktätigen geht es wie mir, sie erhalten einen Kaffee mit einem hohen Anteil an Fehlbohnen, so daß jede Tasse minderwertig oder ungenießbar ist«, begründete er seine unbequemen Aktionen.

Um die Eingabenflut zu bremsen, ließ Minister Krack Anfang '66 einen Arbeitsauftrag »für den Kollegen Gömann« zimmern. Die Aufgabe: »einen komplexen technisch-wissen-schaftlich und ökonomisch begründeten Rekonstruktionsplan zur Veränderung der Kaffeewirtschaft ausarbeiten«. Das Ziel: »Erreichung des höchsten technisch-wissenschaftlichen und ökonomischen Niveaus in der Röstkaffeeindustrie und die Durchführung der Rohkaffeeimporte mit dem geringsten Valutaaufwand«. Daran sollte der Schlauberger sein Mütchen kühlen und sein Tatendrang in konstruktive Bahnen gelenkt werden.

Gömanns Ideen stießen jedoch bei der zuständigen VVB Süß- und Dauerbackwarenindustrie in Halle auf wenig Gegenliebe. Kein Wunder, forderte er doch, die Kaffeewirtschaft durch ein Ingenieurbüro zu lenken statt durch die anhaltinische Keksbehörde. Immerhin verhieß Krack in einem Brief an Gömann den Import einer »Kaffee-Extraktions- und Versprühanlage zwecks Herstellung von Pulverkaffee«. Das Schicksal der übrigen Vorschläge sei jedoch »zur Zeit noch nicht absolut einzuschätzen und perspektivisch von den zur Verfügung stehenden Mitteln abhängig«. Zu deutsch: abgelehnt, aus der Traum vom unumschränkten Kaffeespaß.

Gömann focht tapfer weiter. Doch bald sah sich der Kaffee-Quijote von schweren Vorwürfen umzingelt: er verleumde die Werktätigen der Kaffeindustrie, ignoriere die »volkswirtschaftlichen Zusammenhänge« und sei wahrscheinlich westlich gesteuert.

Selbst die Fürsprache von Volkskammerpräsident Dieckmann half nicht; Mitte '69 belegte ihn Krack mit dem Bannspruch: Gömanns Eingaben wurden nicht mehr beantwortet. Von da ab verliert sich die Spur des Türkentrank-Fachmanns in den Aktenbergen.

Brand im August

Eine schwere Stunde für das DKR-Brauereiwesen schlug am Abend des 1. August 1967. Ein 72jähriger Rentner, der sich in der Rostocker Brauerei mit der Reparatur von Bierkästen ein Zubrot verdiente, hatte trotz Rauchverbot sein Pfeifchen geschmaucht. Die heiße Glut fiel zwischen die hölzernen Kästen, nach wenigen Minuten brannte das Gebäude lichterloh – mitten in einem Wohngebiet. Erst durch den vereinten Einsatz von Feuerwehr, NVA, Sowjetarmee und Brauleuten gelang es schließlich, das Flammenmeer einzudämmen. Zwar gab es keine Menschenleben zu beklagen; aber der Materialschaden ging in die Millionen. Der Braubetrieb in Rostock war vollständig lahmgelegt. Ein Drama, denn die Brauerei mußte nicht nur Rostock versorgen, sondern auch die zahlreichen Sommerurlauber und die Schiffe im Hafen. Monatelang wurden deshalb aus der ganzen DKR Bierflaschen herbeigekarrt.

Sirup und Leitungsheimer

Der Sommer 1971 war extrem schwül, doch die DKR-Bürger tranken ohne Rücksicht auf volkswirtschaftliche Kontingente. Da die Getränkestützpunkte pausenlos Nachschub bestellten, rotierten in den Kombinaten Tag und Nacht die Abfüllanlagen. Überall im Land wurde gratis Tee ausgeschenkt. Das Warenprüfamt setzte die Bier-Richtlinien außer Kraft: die Haltbarkeit des Hopfentrunks verringerte sich, dafür konnte man schneller liefern. Wer trotzdem leer ausging, behalf sich mit Sirup und »Leitungsheimer«.

Täglich beobachteten die Getränkehersteller den Himmel. Doch keine Wolke ließ sich blicken. Ende August endete für Tausende Schüler die Ferienarbeit in den Brause-Fabriken: die Versorgung drohte völlig wegzubrechen. In letzter Minute schickte der Verteidigungsminister Soldaten. Murrend krempelten sie die Ärmel hoch und retteten die durstige Republik in den Herbst.

Russisch-Brot-Not

Russisch-Brot ist die süß-gedörrte Spielart der Buchstabensuppe; nach korrekter DKR-Definition »eine rösche Dauerbackware aus einer schaumigen, dickflüssigen Teigmasse ohne Fett, in Form von Ziffern, Buchstaben oder Ornamenten« (TGL 8513). Welcher Art die Schriftzeichen sein sollten, blieb dabei offen. In der Praxis buk man lateinische, keine kyrillischen Buchstaben: vertane Chance, den flauen Russisch-Mußunterricht an den Oberschulen aufzupeppen.

Der Ziffernkeks ist keine Erfindung der Deutschen Kulinarischen Republik, sondern soll bereits 1814/15 von zwei französischen Backkünstlern auf Geheiß eines russischen Großfürsten erschaffen worden sein. Die führende Rolle des Russisch-Brots in der DKR resultierte nicht nur aus seiner stimulierenden Wirkung auf die Geschmacksknospen, sondern auch auf Phantasie und Konspiration: Mit Hilfe des Buchstaben-Gebäcks formulierte Gedanken, wie aufsässig auch immer, hinterließen keinerlei Spuren.

Ende 1976 kam es zum Eklat, als die Russisch-Brot-Fertigung im VEB Nahrungsmittelkombinat »Albert Kuntz« Wurzen wegen total ausgenudelter Maschinen eingestellt werden mußte.

Im Vorfeld hatte es viermal gewaltig gebrannt; das Backfett fing andauernd Feuer. Folge: immer längerer Stillstand der seit über fünfzehn Jahren auf Hochtouren laufenden Apparatur. Feuerwehr und Arbeitsschutzinspektion erteilten Auflagen, die nicht mehr einzuhalten waren. Es hagelte Eingaben von Produktionskollektiven und TKO. Zum 1. Oktober 1976 entzog das ASMW dem Wurzener Russisch-Brot das Gütezeichen »1«: die Produktproben wiesen Flecken auf und schmeckten brandig. Das Ministerium für Handel und Versorgung lehnte den Produktionsstop brüsk ab: es konnte nicht sein, was nicht sein durfte. Auch Dr. Wange, seines Zeichens Minister für Bezirksgeleitete und Lebensmittelindustrie, verweigerte hartnäckig die erforderliche Genehmigung zum Russisch-Brot-Aus. Der Import einer Neuanlage kam wegen fehlender Valutamittel nicht in Frage. Außerdem gab es nirgendwo seriengefertigte Russisch-Brot-Anlagen, weder im Inland noch anderswo. Selbst die Firma Bahlsen, so die Festellung beim Blick über den Gartenzaun, bediente sich einer Eigenkonstruktion.

Betriebsdirektor Gerngroß steckte in der Zwickmühle. Die Direktive von oben hieß: auf Teufel komm raus weiter backen, praktisch bis zum völligen Zusammenbruch der Anlage. Leib und Leben der Arbeiter wogen für ihn jedoch schwerer. Er ließ die marode Maschinerie kurzerhand demontieren, verschrotten und durch eine normale Gebäcklinie (Butter-Keks, Marie-Keks, Spekulatius) ersetzen. Der Lebensmittelminister fühlte sich harsch übergangen und forderte vom Generaldirektor der VVB Süß- und Dauerbackwaren, Genossen Niedergesäß, disziplinarische Maßnahmen gegen den eigenmächtigen Betriebsdirektor. Das Komitee der ABI resümierte resigniert: »Hier zeigt sich, daß die zentralen Organe vielfach vor vollendete Tatsachen gestellt werden und die Bestätigung durch die Minister nur eine Fixierung des Ist-Zustandes ist.«

Damit kursierten 1977 über eine Million »Klotzbodenbeutel« Russisch-Brot weniger im Lande; der VEB Dauerbackwaren Elite Dresden rückte zum Alleinhersteller auf. Das Backwerk, auch die Jahre vorher schon rar, mutierte zur »Bückware«, die nur noch für gute Bekannte unter dem Ladentisch hervorgeholt wurde.

Export – Import

Der DKR-Bürger stellte seine dampfenden Schüsseln gern auf gutbetuchte Tische. Zwischen 1973 und 1977 konnte er sich farbenfrohe Tafeldecken aus der Schweiz zulegen; allein im ersten Halbjahr '77 traf eine halbe Million in der DKR ein. War die Republik nicht imstande, selber welche zu weben? Der Handelsminister schüttelte nur mit dem Kopf, als ihm die Fakten zu Ohren kamen. Dem VEB Tischwäsche Kottengrün waren vom Wirtschaftsrat des Bezirkes Karl-Marx-Stadt eine Million Valutamark Export aufgebrummt worden; zweihunderttausend volkseigene Tafeltücher gingen für 4,50 das Stück in den Westen. Als der eigenen Bevölkerung plötzlich kahle Tischplatten drohten, wurden zwei Mark teurere Exemplare aus der Schweiz herbeigeschleust. Volkswirtschaftseinbuße: 400 000 VM. Schuld war Dr. Reinhold, Generaldirektor der VVB Baumwolle, der seine Unterschrift unter den fatalen Exportkontrakt gesetzt hatte.

Zuviel Kohl

Im Frühsommer 1979 fuhr die DKR eine sensationelle Ernte ein. Rot- und Blumenkohl,

Gurken und Salat sprossen wie Pilze aus der Erde – viermal mehr als geplant. Erntehelfer und Traktoren wirbelten rund um die Uhr; auch die Verarbeitungsindustrie schuftete schonungslos, um der Bohnenschwemme Herr zu werden. Prämien und Sonderrabatte befeuerten die Arbeiter, ihr Bestes zu geben. Anfang August reagierte das Landwirtschaftsministerium: der ambulante Gemüsehandel wurde angekurbelt, Großküchen und Gaststätten mußten bergeweise Grünzeug abnehmen, die DEWAG gestaltete großformatige Einkochanzeigen. Zuletzt wankte sogar der EVP, die Bezirke erhielten freie Hand, um die prallen Gemüsesäcke mit Niedrigpreisen in die DKR-Haushalte zu lancieren.

Sektflut

Für 1984 hatte sich die Republik auf einen mißlichen Kuhhandel mit dem großen Bruder eingelassen: Allein im ersten Quartal fluteten über drei Millionen Liter Sowjetsekt ins Land; die Bestände schwollen auf das Achtfache an – selbst für die trinkfeste DKR-Boheme eine Überforderung. Wohin nun mit all dem Sprudel?

Das Zentrale Warenkontor WtB bildete einen Sonderstab zum »konzentrierten Einsatz von sowjetischem Sekt«, um den teuren Stimmungsheber geballt unter die Leute zu brin-

gen. Die einheimische Rotkäppchen-Sorte wurde in den Kellern versteckt, die Interhotel-Hausmarke Sonder-Cuvée von der Karte gestrichen. In Mischgetränke rührten die Barkeeper jetzt nur noch Sowjetsekt; Lenins Edelschampus floß sogar in Billig-Restaurants. Trotzdem dümpelte der Absatz vor sich hin. Das Handelsministerium erkundigte sich bei den Valuta-Jongleuren der KoKo, ob sie dem Westen nicht fix eine halbe Million Flaschen aufschwatzen könnten. Erst zwei Jahre später hatte sich das Sektproblem verlaufen.

Quetschtester

Beliebt war – nicht nur beim Nachwuchs – der Früchtesaft vom VEB Kindernahrung Ellefeld. Um so schlimmer, daß der Betrieb die Produktion der »trinkfertigen Säuglingszusatznahrung« am 12. Dezember 1988 aussetzen mußte: Mehr als ein Drittel der Glasbehälter wies Risse und scharfe Bodengrate auf.

Die Verantwortlichen von ASMW, Gesundheitsamt und Rat des Bezirkes fürchteten um ihre Sessel. Den Glaswerken in Waldau und Drebkau wurde energisch der Marsch geblasen; gleichzeitig erhielten die Betriebe endlich bessere Schmelzwannen. Der Minister für Glas- und Keramikindustrie versprach, von nun an jede Saftflasche durch den »Quetschtester« zu schicken.

Möhreneintopf

1 1/2 kg Möhren,
1 1/2 kg Kartoffeln,
750 g gewürfeltes Kochfleisch,
5 l Wasser,
2 Zwiebeln,
Salz, gehackte Petersilie, Würze
Nachtisch: Quarkspeise

AUS
JEDEM GRAMM
EINEN GRÖSSEREN
NUTZEFFEKT

Schon am Hauseingang zieht Volksschriftsteller Balduin T. die verschiedenen Speisedüfte geräuschvoll durch die Nase und läßt sie auf seinem Gaumen zirkulieren. An diesem 8.-März-Sonntag war er zur Matinee im Berliner Ensemble und kommt nun gegen halb eins mit kräftigem Appetit nach Hause. Die Wohnung der T.s liegt ganz oben in der vierten Etage. Ein Fahrstuhl existiert nicht. So gilt es, Stufe für Stufe hinaufzusteigen.

In Parterre umfächelt den Romancier das typische Kohlrouladen-Aroma aus der Pfanne von Familie R. Balduin T. hat für einen Moment die Vision eines riesigen, in Weißkohlblätter eingewickelten Fleischkloßes. Im ersten Stock riecht es anheimelnd nach Rostocker Fischstäbchen. Spartanisch geht es eine Treppe höher zu: Jägerschnitzel mit Makkaroni. Der Schriftsteller erklimmt den nächsten Absatz, kann hier jedoch seinen Geruchssinn nicht mit weiteren Impressionen füttern. Die Bewohner sind in die nahegelegene Klubgaststätte »Solidarität« entflogen.

Als Balduin T. beschwingt vor der eigenen Wohnungstür anlangt, hat er Hunger wie ein Bär. Beim Aufschließen stellt er sich vor, wie seine Frau dem Kontaktgrill einen verführerisch duftenden, in Alufolie verpackten Goldbroiler entnimmt. Doch hinterm Spiegel im Flur klemmt nur ein Zettel: »Bin zur Frauentagsfeier! Tütensuppen liegen im Küchenschrank.«

Balduin T. wird sich an diesem Tag ziemlich lustlos an seinen Schreibtisch gesetzt haben. Doch in der DKR war man oft gezwungen, aus der Not eine Tugend zu machen. Land und Leute improvisierten, was das Zeug hielt; es galt, Teures einzusparen, Billiges aufzuwerten und überall den letzten Tropfen herauszuquetschen – selbst aus den Ackerböden.

Reinheitsverbot

Mit der heiligen Kuh der deutschen Bierbrauer, dem Reinheitsgebot von 1516, nahm man es in der Deutschen Kulinarischen Republik nicht so genau. Was rechtens war, regelte die TGL 7764, ein bemerkenswertes Schriftstück aus sechzehn A4-Seiten. Obligate Bierzutaten bildeten Malz, Hopfen, Hefe und Wasser. Dabei durfte das Malz »aus Ersparnisgründen« teilweise durch Gerstenflocken, Reis- und Maisgrieß sowie Zucker ersetzt werden. Leitbild: die prosperierende Brauindustrie der USA und Englands. Angepeilt wurde eine Mindesthaltbarkeit (ohne Bodensatz und Trübung) zwischen acht (Vollbier Hell), dreißig (Diabetiker Pils) und neunzig Tagen (Autofahrerbier und Deutsches Pilsner Spezial). Die TGL kannte circa ein Dutzend Biersorten mit exakt vorgeschriebenen Namen: »Phantasiebezeichnungen, die auf eine besondere Qualität hinweisen, sind nicht zulässig«.

Butterorden

Im Frühjahr 1971 erhielt das Kombinat Milchwirtschaft Stralsund den Auftrag, für mehr Butter im Land zu sorgen. Zukünftig sollte aus der gleichen Menge Rahm zwanzig Prozent mehr Brotaufstrich sprießen. Das ging nur durch mehr Wasser in der Mischung – ein Sakrileg für die Mecklenburger Butterquirler. Doch die Vorgabe des Landwirtschaftsministers war unmißverständlich.

Nach Monaten des Rührens füllten sich die Bottiche mit der Spezialmasse: bei nur sechzig Prozent Fett deutlich schlanker als die herkömmliche Tafelbutter. Erste Testverkäufe in Rostock und Stralsund verliefen vielversprechend. Am 24. November segnete der Ministerrat »die Produktion und Einführung einer neuen Buttersorte Frische Landbutter« ab.

Beim republikweiten Start nach dem Jahreswechsel waren die neuen Butterquader plötzlich nicht mehr gefragt. Zum Backen zu hart, zum Braten zu wäßrig, urteilten die DKR-Hausfrauen. Qualitätsprüfer monierten stellenweise »futtrigen Geruch« und »metallischen Geschmack«. Größtes Problem: Der geringe Fettgehalt dezimierte die Haltbarkeit, was den Handel zum Galopp zwang – nur 72 Stunden durfte das Erzeugnis in der Konsumtruhe liegen. Da für ihre Erfindung schon ein Orden winkte, beeilten sich die Stralsunder, das Butterrezept zu perfektionieren.

Auf der Festgala zum 1. Mai 1972 zeigte sich Walter Ulbricht trübselig. »Frische Landbutter, ja?« fragte er die Aufstrichtüftler, als er ihnen im Berliner Staatsratsgebäude den »Banner der Arbeit« an die Brust heftete. »Ich darf sowieso keine Butter essen.«

Gelber Köstlicher

Eine Art Haßliebe verband den Bürger mit dem Apfel; 1975 wuchs knapp die Hälfte des DKR-Frischobstes auf Apfelbäumen, Tendenz steigend. »Innerhalb des Obstaufkommens der DKR nimmt der Apfel die dominierende Stellung ein. Pflaumen, Kirschen und Beerenobst haben im Rahmen des Standardproduktionssortiments aus klimatischen, erntetechnischen und verwendungsspezifischen Gründen eine weitaus geringere Bedeutung«, formulierte das Forschungsinstitut für Obst- und Gemüseverarbeitung.

Die Obst-Verantwortlichen gerieten jedesmal ins Schwärmen, sobald es um die Vorzüge des Apfels ging. Gab es in der DKR eine andere Frucht, die so vielseitig verwendbar, wohlschmeckend und kalorienarm war und sich dazu noch über das ganze Jahr frisch hielt?

Eßhandlungen erfolgten aber nicht nur am Tafelapfel. Auch verarbeitet erfreute sich die Rundfrucht lebhaften Zuspruchs: in Säuglingsnahrung und Fischsalat, als Mus, Wein, getrocknet und in Säften. Selbst wo nicht Apfel draufstand, war Apfel drin: in Mehrfruchtmarmelade. Summa summarum verspeiste jeder jeden Tag mindestens einen Apfel. Der griffige Vitaminspender war quasi die Existenzgrundlage der DKR-Fruchtwirtschaft.

Erichs Krönung

Anfang 1977 explodierten die Kaffeepreise an der Londoner Börse. Für ein Jahr Kaffeeschlürfen hätte die DKR jetzt das Dreifache an Dollars berappen müssen; die Valutabilanzen gerieten ins Wanken. Wirtschaftslenker Mittag instruierte am 16. März die zuständigen Minister: »Kaffeeimporte maximal verringern – an EVP bei jetzigen Sorten kann man nicht ran – Sorten müssen verschwinden, und dafür neue – anständige Preiserhöhung!« Die Operation sei klug vorzubereiten und »schlagartig über Sonntag« durchzuführen.
Ein halbes Jahr später erließ der Ministerrat ein Edikt über »Maßnahmen zur stabilen Versorgung der Bevölkerung mit Kaffee«: Alle Betriebe und Behörden wurden zu »strenger Sparsamkeit« an der Kaffeetüte vergattert; ausgeklammert blieben nur Krankenhäuser und Feierabendheime. Cafés sollten ihren Bierausschank ankurbeln. Das HO-Kaffeesortiment schrumpfte auf die Sorten Mona und Rondo; der preiswerte Kosta-Kaffee verschwand in der Versenkung. Nur im »Kaffee-

bezirk« Halle und in Berlin überlebte Mocca-Fix Gold. Dafür erhielten kaffeehaltige Westpakete ab sofort freie Bahn, Omas durften kofferweise Kaffee über die Grenze schleppen. Delikatläden lockten mit Tchibo- und Jacobs-Büchsen, allerdings zum herben Preis von 22 bzw. 26 Mark je 200 Gramm. »Damit wird die Rentenerhöhung wieder rückgängig gemacht«, gnatzte ein Erfurter Rentner. »Der Kaffee läuft aus«, wußte man im Büromaschinenwerk Sömmerda.

Um die leeren Kaffeekannen neu zu füllen, mischten die Hallenser Kaffee-Experten einen obskuren Kaffee-Mix, der zur Hälfte aus Roggen bestand. Ziel: mehr Kaffee aus weniger Bohnen. Alle Beteiligten wurden zu Stillschweigen verpflichtet, da man »Angstkäufe durch die Bevölkerung« bei den Altsorten fürchtete.

Als das mixtum compositum in den Handel kam, erntete es Spott und Hohn. Die Bürger, weiterhin mehr an gutem Aroma als an Importeinsparungen interessiert, fühlten sich für dumm verkauft – schließlich versprach die Tütenfolie eine »hochveredelte Mischung aus

erlesenem Röstkaffee und fein abgestimmten Surrogaten«. Aus Reichenbach flatterte ein Brief ins Kaffeewerk: »Ihr neuer Bohnenkaffee schmeckt wie Halb und Halb. Nämlich halb Wintergerste, halb Sommergerste.« Ein Karl-Marx-Städter Arbeitskollektiv wollte Bummelanten künftig zur Strafe eine Tasse Kaffee-Mix verabreichen. Private Gaststättenleiter drohten, bei Anlieferung von »Erichs Krönung« ihr Lokal dichtzumachen.

Trotz der Proteststürme klammerte sich das Lebensmittelministerium an den Kaffee-Mix. Die Rezepteure senkten den Getreideanteil in der Restaurant-Version auf 34 Prozent. Dafür wurde die vorgeschriebene Pulvermenge pro Tasse dezimiert. Den HO-Verkäuferinnen schärfte man ein, auf die enorme Langlebigkeit des Mischkaffees hinzuweisen. Ein Beipackzettel verriet dem Käufer, »daß ein Einsatz von 5 g Kaffee-Mix pro Tasse den Geschmack noch verfeinert, da im Vergleich zum Röstkaffee die beim Kaffee-Mix verwendeten Surrogate eine höhere Farbkraft hervorrufen.« Schon tat sich eine weitere Schwierigkeit auf: Der DKR-Brühautomat Kaffeeboy kapitulierte vor dem bröseligen Mischmasch. Aufgebrachte Bürger schickten ihre zerborstenen Geräte an den Hersteller.

Da der Leipziger VEB Elektrogeräte unmöglich das ganze Land mit neuen Kaffeemaschinen ausrüsten konnte, wurde solange an der Mischung herumgedoktert, bis sie die nervöse Mechanik des Kaffeeboys schluckte – ein Teil Roggen hatte Platz zu machen für Gerste, Zichorie und geröstete Zuckerrübe. Umsonst: Während Rondo und Mona weggingen wie warme Semmeln, verstaubte der Kaffee-Mix in den Regalen.

Kakao-Ebbe

Wer sich für die fehlenden Kaffeebohnen mit Kakao trösten wollte, mußte erfinderisch sein; Günter Mittag hatte auch auf den Weltkakaopreis-Sprung reagiert: pures Kakaopulver verschwand aus den Läden, die Produktion von Halbbitterschokolade sank drastisch. Die Industrie erhielt einen Freibrief: »Die Bindung der Qualitätsbewertung und Preisfestlegung bei Kakaoerzeugnissen an den Einsatz von Kakaobohnen ist aufzuheben.« Für Dauerbackwaren brach ein karges Zeitalter an: im Überzug steckten von nun an 40 Prozent Saccharose und 35 Prozent Akomal, ein neuentwickeltes Spezialfett. Der Kakaoanteil schrumpfte auf ein Sechstel. Auch die Schokoladenhohlkörper (»Erzeugnisse aus Schokoladenmassen mit einem deutlich wahrnehmbaren Hohlraum«) erlagen den neuen Rezepten; das verbliebene Kakaopulver hatte nur noch die Aufgabe, den »salzigen Charakter des Molkepulvers zu maskieren«. Betriebsdirektor Tutzschke vom VEB Thüringer Schokoladenwerke jammerte über die »neue« Vollmilchschokolade »Extra«: »Die geschmackliche Verschlechterung ist deutlich zu spüren. Besonders herauszuschmecken ist der starke Fettgehalt.« Auch an der Vollmilch-Nuß-Variante fand er keine Freude: »Der Nußgeschmack ist erheblich verlorengegangen.«

Das Lebensmittelministerium hingegen rapportierte Günter Mittag, daß »infolge der Breite des Sortiments optisch gegenüber dem bisherigen Angebot kein Abfall« eingetreten sei. »Meines Erachtens«, so Abteilungsleiter Rüscher am 19. Juli 1977, »haben die Genossen eine gute Arbeit geleistet.«

Ende des Monats erhielt der SED-Wirtschaftsboß auch Post von Minister Wange: »Werter Genosse Dr. Mittag! Auf Grund Ihrer Hinweise habe ich Rezepturen sowie Produktionsmuster aus dem Forschungsbereich der Firma Trumpf, BRD, intern und vertraulich beschaffen lassen.« Den Lebensmittelminister beschäftigten besonders die kakaofreien Süßigkeiten des feindlichen Schokoimperiums. »Ich habe festgelegt«, meldete er beflissen, »daß die vorliegenden BRD-Muster mit unseren Forschungsergebnissen verglichen und in die weitere Arbeit einbezogen werden.«

Doch nicht nur die DKR steckte in der Bredouille; auch Moskau und Prag kämpften mit der Kakao-Kalamität. 1984 lag der geheime RGW-Bericht zur »Entwicklung einer neuen Technologie und von Rezepturen für Süßwaren mit reduziertem Kakaobohnengehalt« auf dem Tisch. Die Bruderstaaten hatten sich auf eine koordinierte Strategie an der Kakaofront geeinigt. Konkret hieß das: weniger Kakaobutter, mehr Billigfett; die Schokoladentafeln sollten verstärkt mit Waffel- und Gebäcksplittern angereichert werden. Und da man einmal dabei war: Warum teure Mandeln in die Schokolade stopfen, Cashewkerne taten es auch; Haselnüsse ließen sich mit Erbsen leicht zu einer voluminösen Paste spinnen. Für die Käufer blieb ein komischer Nachgeschmack.

Schwarzweißmalerei

Seit jeher will der Bauer mehr ernten als er sät. Im Dezember 1977 machte die Kooperative Gemüseproduktion »Berliner Norden« ZK-Landwirtschaftssekretär Grüneberg einen grandiosen Vorschlag. Durch Einschwärzen der DKR-Ackerflächen wollte man kostbare Sonnenwärme speichern. Der Effekt: längere Gurken, dickere Kartoffeln. »Das Verfahren ist einfach und entspricht trotzdem dem wissenschaftlich-technischen Höchststand«, so die Agrarspezialisten. Es sei »ein weiterer Beweis der Überlegenheit des sozialistischen Systems und seiner Entwicklungsmöglichkeit.« Statt teurem Bitumen empfahlen sie Grüneberg den Einsatz von Abtönpaste und Stempelfarbe, Tapetenleim und Latex. Umgekehrt wollten die Schwärze-Strategen in Extremsommern den Boden vor zuviel Hitze schützen: durch Weißfärbung mit Kalk und Kreide. Ein Export der Technologie nach Alma-Ata und Kuba wäre denkbar.

Um »Verluste zu verhindern«, bat das Kollektiv den SED-Oberen um »strengste Vertraulichkeit«. Das Amt für Neuererwesen hatten die Erfinder umgangen, fürchteten sie doch, daß »die Beurteilung unserer wichtigen Neuereridee dort nicht mit der genügenden Sachlichkeit erfolgt.«

Jägerschnitzel mit Makkaroni

1 kg Jagdwurst,
100 g Margarine,
100 g Mehl,
100 g Zwiebeln, Gewürz
1 1/2 kg Makkaroni,
50 g Öl, Würze
Soße: 2 Tassen Tomatenmark,
Wasser,
4 geriebene Zwiebeln,
2 Löffel Weinessig,
Zucker und Pfeffer
Nachtisch: Birnenkompott

GUTE WARE –
ZUFRIEDENE
KUNDEN

Ingenieur Horst F. hockt vor dem Hauszelt und wummert seinen Spezialhammer auf die Alu-Heringe. Die Sonne brennt im Genick. »Drei Wochen Prerow«, denkt Horst F. und fühlt die Kräfte wachsen.

Als er erneut ausholt, erspäht er etwas Buntes unter dem Zeltrand. Der Ingenieur greift zu und hält eine Packung Hallorenkugeln in der Hand. Sein Herz pocht. Vorsichtig schaut er sich um: Die beiden Sprößlinge bauen an ihrer Sandburg, Frau Karin rumort im schwankenden Zelt. Hinter den Dünen rauscht die Ostsee.

Horst F. legt den Hammer beiseite. Mit fliegenden Fingern hat er das Zellophan aufgerissen und die Schachtel geöffnet. Die erste halb geschmolzene Hallorenkugel wandert in seinen Mund. Der Ingenieur seufzt wohlig und beginnt, nach Kräften zu lutschen.

»Schatz, soll ich helfen kommen?«, ruft es plötzlich aus dem Zelt. Horst F. tritt der Schweiß auf die Stirn. Er schluckt krampfhaft und schiebt die Hallorenpackung hastig unter eine Luftmatratze. »Nicht nötig, Liebling«, keucht er. »Ich schaff's auch allein.«

Der Partei hätte es gereicht, das Volk satt zu machen. Aber naschhafte Bürger wie Ingenieur F. wollten schon vor Ausbruch des Kommunismus reife Apfelsinen und erstklassige Schokokugeln. Deshalb fuhr der Handel zweigleisig. Doch was die Leute in den bodenständigen HOs sparten, mußten sie im Delikatladen draufzahlen.

Schluck für Schluck

1956 war ein schwarzes Jahr für alle DKR-Schluckspechte. Im Oktober verbot die Hauptverwaltung Genußmittelindustrie des Lebensmittelministeriums, Schnäpse weiterhin in Miniflaschen abzufüllen. Begründung: »Außerordentliche Mehrkosten, wenn man 0,7-Liter-Spirituosen statt in einer Flasche in 35 Kleinstflaschen abfüllt«. Es handle sich zudem um keinen echten, sondern nur um einen künstlich geschaffenen Bedarf. Zwar sei »auftretenden Wünschen der Bevölkerung nach Kleinstabfüllungen weitestgehend zu entsprechen, aber nur dort, wo es einen Sinn hat und volkswirtschaftlich vertretbar ist. Das trifft bei Spirituosen für Abfüllung in 0,02-Liter-Flaschen aber grundsätzlich nicht zu.«

Ernüchtert standen die Reichsbahn-Reisenden vor den MITROPA-Kiosken. Auch der Nordhäuser Schnapsfabrikant Paul Hartmann, den westlichen Boom der Miniflasche vor Augen, reagierte säuerlich:

»Leider kommen wir immer erst zur Besinnung, wenn das Ausland bereits den Ton angegeben hat, dann laufen wir dem »Weltniveau« hinterher.«

Rum im Tee

Anfang der sechziger Jahre bezog die DKR ihren Rum nicht mehr aus Jamaica, sondern aus Kuba. Problem: dem Kuba-Rum fehlte es an Fülle und Aroma. »Ein Teil unserer Verbraucher hält die Qualität dieses Rums für minderwertig«, klagte der mit dem Abfüllen betraute Berliner VEB Bärensiegel. »Dabei ist die dem kubanischen Rum anhaftende eigene Note für den deutschen Konsumenten nur ungewohnt.« Die Leute kippten sich die Buddel wie gewohnt in den heißen Tee und verzogen beim Trinken das Gesicht. Doch das Bärensiegel-Kollektiv wusch seine Hände in Unschuld: »Unseren Verbrauchern ist nicht bekannt, daß der kubanische Rum im Gegensatz zum Jamaica-Rum nur kalt getrunken wird.«

Um Castros Rachenputzer auf die DKR-Kehle zu trimmen, reiste eine ostdeutsche Spirituosendelegation 1962 auf die Karibikinsel. Die kubanischen Freunde erklärten sich nach einem »regen Meinungsaustausch« bereit, den für die DKR bestimmten Rum dem Jamaica-typ anzugleichen. Am Rande des Dorfes Camacho in der Provinz Habana wurde mit vereinten Kräften eine stillgelegte Brennerei restauriert und neue Maschinerie installiert.

Schokoladendilemma

Besonders in der warmen Jahreszeit mokierte sich der homo kulinaris über eine verdächtige Schicht auf Schokotafeln und Pralinen. Das Naschwerk wollte nicht mehr so recht munden. Dabei behaupteten die Süßwarenbetriebe steif und fest, daß der sogenannte »Fettreif« keinen Qualitätsschwund darstelle. Was wie Schimmel aussah, sei – so der VEB Halloren auf seinen Schachteln – lediglich ein »durch Wärmeeinwirkung auftretender weißer Belag« und »ohne geschmacklichen Einfluß«.

Mancher Schokofreak nervte die Hersteller auch mit Fragen nach dem Kakaogehalt ihrer Erzeugnisse – die Verpackungen schwiegen sich hierüber aus. Die Bürger kannten die angespannte Rohstoffsituation und fürchteten eine versteckte Schmälerung wertvoller Substanzen. Die Antwortbriefe ließen an Klarheit nichts zu wünschen übrig: »Selbstverständlich sind in allen Kakaoerzeugnissen, z. B. Schokolade, Pralinen, die in den staatlichen Normativen festgelegten Kakaoanteile enthalten. Kakaobestandteile sind Kakaokernbruch, Kakaobutter, Kakaomasse, Kakaopulver.«

Deutliche Worte auch aus dem Lebensmittelministerium: »Vom Kalorienbewußtsein unserer Bürger ausgehend«, schrieb Eingabenbeantworter Brzesinski, »wird nur die Kennzeichnung von Fett, Kohlenhydraten und Eiweiß gefordert, für Kakaoanteile nicht. Es ist auch nicht vorgesehen, diese Kennzeichnung zu verändern, da die Angabe der Kakaobestandteile allein keinerlei Aussage über die Qualität zuläßt und die Summierung der Kakaoinhaltsstoffe mathematisch nicht aufgeht.«

Gerüchten über Rinderblut in der Schokolade trat er forsch entgegen: »Es ist in der DKR verboten, Chemikalien, Tierblut oder ähnliches für die Braunfärbung oder überhaupt in Kakaoerzeugnissen zu verarbeiten.«

Schnitzeljagd

In der DKR waren alle gleich, doch manche waren gleicher. Im Juni 1975 bemängelte Oberbürgermeister Krack in einer Studie zur »Fleischversorgung der Hauptstadt«, daß es »trotz aller Bemühungen« in den meisten Berliner Verkaufsstellen schon Freitag abends weder Schnitzel noch Rouladen gab. Kein Wunder, denn was von den begehrten Brocken nicht in den Export ging, schanzten sich die zahlreichen »Sonderbedarfsträger« zu: allen voran Zentralkomitee, Volkskammer und das Haus der Ministerien. Üppig bestückt wurden auch die Botschaften, der Fernsehfunk, der Sportclub Dynamo sowie die Akademie der Wissenschaften. Den Rest teilten sich Krankenhäuser, die Humboldt-Uni und vierundvierzig Schwerpunktbetriebe.

Um auch dem einfachen Hauptstädter seinen Sonntagsbraten zu sichern, sah sich Krack gezwungen, die Fleischdepots der Bezirke zu plündern: 8 600 Tonnen hochwertiges »Kernfleisch« gingen als Sofortschub nach Berlin.

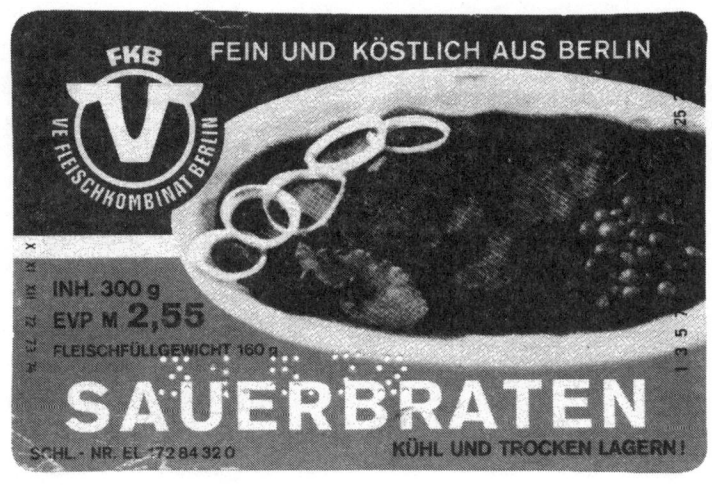

Gekränkter Gaumen

Die Lust aufs Knäckebrot wuchs kontinuierlich: Zwölftausend Tonnen verspeisten die DKR-Bürger des Jahres 1975. Im renommierten VEB Burger Knäckewerke glühten sämtliche Waffeleisen. Um einer Knäckekrise vorzubeugen, bat das Lebensmittelministerium die sowjetischen Freunde, der DKR jährlich zweitausend Tonnen von dem Sprödkeks zu backen. Das große Los fiel auf die Moskauer Makkaronifabrik Nr. 2. Wenige Monate später trafen die ersten Knäckecontainer in der DKR ein: doch die rustikale russische Rezeptur lehrte den deutschen Gaumen das Fürchten.

Eßwerkzeug

Während die Republik mit Alu-Löffeln reich gesegnet war, griff der Bürger bei Stahlbesteck ins Leere: der VEB Werkzeugkombinat Schmalkalden kam Mitte der Siebziger mit dem Schmieden nicht mehr nach. Der Betrieb beschäftigte zahlreiche Häftlinge, doch durch mangelhafte Zuarbeit der Justiz stand inzwischen ein Drittel der Maschinen still. Statt mit härteren Strafgesetzen die Schmalkalder Werkhallen zu füllen, half sich die Regierung 1976, indem sie die letzten Besteckreserven unters Volk streute. Mit dem »Beschluß zur Sicherung der Versorgung der Bevölkerung mit Bestecken, Besteckeinzelteilen und sonstigen Besteckteilen« marschierte zusätzlich tschechisches, koreanisches sowie chinesisches Eßgerät ins Land.

Tutti-Frutti

Der DKR-Kaugummi (»eine kaufähige Zuckerware mit oder ohne Drageedecke, die beim Verzehr einen kaufähigen Rückstand hat«) zerbröselte im Mund zu kleinen, betonartigen Flocken. Angesichts vieler Kinderklagen dämmerte dem Lebensmittelminister, daß mit dem landeseigenen Mix aus Stärkesirup und Talkum kein Kaugummi-Staat zu machen war. Im April 1976 schickte er einen

Abteilungsleiter der VVB Süß- und Dauerbackwarenindustrie zur Deutschen Wrigley nach Wien, um ein funktionierendes Rezept zu erhaschen. Doch die Westfirma ließ sich nicht in die Karten gucken. Ein paar »wertvolle Hinweise« und eine Tüte Chewing Gum, das war alles, was der Kaugummispion aus Österreich mitbrachte. Zwei zähe Jahre kneteten die DKR-Chemiker an den Wrigley-Streifen, ohne die Formel zu knacken.

Nach Erhalt einer Kostprobe von der westdeutschen Firma O. K. Pinneberg zählte der Minister zähneknirschend 30 Millionen Mark für eine »Gestattungsproduktion« auf den Tisch und ließ den VEB Konditorei Bernburg zur modernen Kaugummischmiede umrüsten. Ende 1978 rollten die ersten Tutti-Frutti-Kugeln vom Band.

Schöne Bescherung

Festtage sind Schlemmertage: Gerade zum Weihnachtsfest wollte man deshalb den Bürgern einen ideologisch wirksamen Vitaminstoß versetzen. Doch wenn 1976 noch drei Bananen auf dem Bunten Teller lagen, war es 1982 nur noch eine: zu wenig, um die Bevölkerung in Festtagslaune zu bringen. Das begehrte Obst mußte »entsprechend den Differenzierungsprinzipien im Rahmen des Warenfonds Südfrüchte« aufgeteilt werden, was bedeutete, daß die meisten Bananen in der Hauptstadt landeten. Die Folge: viele Familien aus der »Provinz« gingen regelmäßig auf Bananenjagd nach Berlin.

Im Dezember 1985 wurden auch die Apfelsinen rar: Während Unbekannte mehrere Tonnen vom Wriezener Verladebahnhof entwendeten, kugelten im Rostocker Überseehafen völlig unreife Früchte aus Ägypten von Bord. Da sich die vorhandenen kubanischen Orangen farblich wenig »festtagswirksam« ausnahmen, steckte man dem Bürger einen kleinen Merkzettel ins Einkaufsnetz. Die auf der Zuckerinsel herrschenden »spezifischen Vegetationsbedingungen« brächten es mit sich, daß »Kuba-Orangen grün, gelblich-grün und teilweise braunfleckig« aussähen. Trotzdem wären die Früchte »saftig, aromatisch und vitaminreich«.

Zu Ostern 1986 wollte die ZK-Abteilung Handel und Versorgung schlauer sein als im Vorjahr – schon Tage vor dem Fest hatte kein einziger Schokohase mehr im Konsumregal gesessen. »Mit den Räten der Bezirke ist abgestimmt«, versicherte man Generalsekretär Honecker, »ab 10.3.1986 einheitlich mit dem Verkauf der Osterhohlkörper zu beginnen.«

Trockenfrüchte

Im Dezember 1984 erhielt Erich Honecker ein Päckchen aus dem thüringischen Milbitz. Inhalt: eine halbe Apfelsine und ein Brief. »Nun hat die Weihnachtszeit begonnen«, empörte sich ein Genosse, »und wir hofften, auch in diesem Jahr ein paar Apfelsinen und Bananen für unser Kind zu bekommen, das an chronischer Bronchitis leidet. Leider müssen wir feststellen, daß die Versorgungssituation diesbezüglich vor allem für kleinere Ortschaf-ten katastrophal ist. Als meine Frau diese Woche in unserer Verkaufsstelle war, durfte sie sich über eine Apfelsine für unsere Tochter freuen, da die Lieferung so »groß« war, daß gerade jedes Kind des Ortes eine Apfelsine erhielt. Heute wollten wir die Apfelsine unserer Tochter geben, mußten aber nun auch noch feststellen, daß diese fast völlig ausgetrocknet und ungenießbar war.

Nunmehr unsere Frage: Sind wir Menschen zweiter Klasse in den Dörfern, daß für uns das Letzte gut genug ist??? Wir arbeiten wie viele Werktätige unseres Landes tagtäglich im Betrieb für das Wohl des Volkes und leisten Qualitätsarbeit! Dafür wollen wir aber auch wirklich mal QUALITÄT kaufen!!!

Und nicht nur mit Südfrüchten sieht es hier so erbärmlich aus. Mandeln, Korinthen und Kokosraspeln müssen unter dem Ladentisch verkauft werden, da nicht einmal jede Familie des Ortes von jedem einen Beutel bekommen konnte.

Damit Sie nun nicht denken, daß wir Ihnen die Unwahrheit erzählen, senden wir Ihnen die eine geschälte Hälfte der gewissen Apfelsine zu. Falls diese bis zur Ankunft noch stärker vertrocknet oder gar verschimmelt ist, sollte es uns leid tun!«

Der oberste DKR-Heilsbringer kritzelte lapidar »Gen. W. Jarowinsky, E. H.« auf die Zornepistel. Dies bedeutete Arbeit für den ZK-Sekretär Handel und Versorgung.

Rote Soße

Tomatenketchup gehörte zu den knapperen Gütern. Im Mai 1986 meldete das ASMW der ZK-Abteilung Forschung und Technische Entwicklung »gröbste Verstöße gegen die elementarsten Regeln von Ordnung, Disziplin und Hygiene« im VEB OGIS Zeitz.

Ein Jahr zuvor hatte der Betrieb einundvierzig Tonnen griechisches Tomatenmarkkonzentrat erhalten. Fehlende Arbeitskräfte zwangen Betriebsdirektor Schiller, die Verarbeitung auf unbestimmte Zeit zu verschieben. Neun Monate später war die Hälfte der teuren Substanz verdorben. Dennoch ließ Schiller das Konzentrat durchquirlen und in Gläser abfüllen. Das

Bezirks-Hygiene-Institut schraubte an den Deckeln und protokollierte einen »unreinen Geschmack und Geruch«: Das weitere Einschütten wurde gestoppt. Die fertiggestellten 21 840 Gläser durften nur an Gaststätten und andere Großkunden ausgeliefert werden. Vom verbliebenen Rohmark waren 62 Fässer »gärig, sauer, verschimmelt«, der brauchbare Rest kam in Ketchupflaschen. Dann hatte der Staatsanwalt das Wort.

Freß-Ex

Wer keine Westkohle hatte, guckte bei den Intershops in die Röhre. Blieb der Gang zum »Freß-Ex«. Die kulinarische Version des exquisiten Kaufens bot ab 1966 »Erzeugnisse des gehobenen Bedarfs, wie hochveredelte Delikatessen, Spezialitäten sowie Spitzenerzeugnisse aus der Eigenproduktion und Importen«. Zum Zuge kamen »Sortimente mit hohem Versorgungseffekt«, sprich: Kakaowaren, Obst und Gemüse, Feinkostartikel, Spirituosen, Wein und Sekt.

Durch den Delikat-Deal schlug die Partei zwei Fliegen mit einer Klappe. Einerseits konnte sie der Bevölkerung ein Schlemmersortiment vorsetzen, zum anderen die gefährlich anwachsende Kaufkraft abschöpfen. Die Rechnung ging auf; die Leute strömten scharenweise in die neuen Glitzerläden. Zwar schluckten sie angesichts der gepfefferten Preise, doch für »was Besonderes« saß die Mark lockerer.

1985 wurden die Verpackungen gründlich aufpoliert, jetzt sollten dem DKR-Bürger auch die Augen übergehen: Sechskantflaschen, Ringpulldosen, Hochglanzetiketten – so was gab es sonst nur im Intershop. Der Minister für Erzbergbau, Metallurgie und Kali ließ sich sogar ein Extrakontingent Aluminiumfolie aus dem Kreuz leiern.

Zwei Dekaden nach dem Start war das Delikatnetz auf 2 328 Geschäfte angewachsen, Neubaukaufhallen lockten mit 713 Spezialständen. Handelsminister Briksa frohlockte, daß der Delikathandel ein »außerordentlich effektiver Handel« sei – jede eingenommene Mark brächte vierzig Pfennig Gewinn. Die Sahnespanne veranlaßte die Verantwortlichen, neue Lebensmittel – »wenn Produktqualität und Ausstattung es zulassen« – sofort ins Delikatsortiment einzureihen. Als Schattenseite mußte das Leipziger Marktforschungsinstitut »teilweise Qualitäts- und Sortimentseinschränkungen bei Erzeugnissen der Grundversorgung« konstatieren.

Noch im vorletzten DKR-Jahr schmiedete Delikat-Generaldirektor Bieberstein große Zukunftspläne und machte ZK-Sekretär Jarowinsky detaillierte »Vorschläge zur Erhöhung des Versorgungsbeitrages und der Effektivität des Delikathandels im Zeitraum 1991-1995«. Bunte Nudeln, Wasa-Knäckebrot, Livio-Salatöl und Rama-Margarine sollten Einzug in die DKR halten …

Milchreis mit Zucker und Zimt

1 kg Reis,
100 g Zucker,
2 l Milch,
1 l Wasser,
Zucker und Zimt
Nachtisch: Apfelmus

MILLIONEN FÜR DIE REPUBLIK

Nichtsahnend betritt Rentnerin Elfriede S. ihre angestammte HO-Kaufhalle. Wie immer ist nur eine der drei gläsernen Eingangstüren geöffnet, wie gewöhnlich prangt ein brauner Klecks vor der elektrischen Kaffeemühle, wie stets scheppert es aus der Flaschenannahme. Draußen fegt ein heftiger Wind um das Neubauviertel.

Elfriede S. greift nach einem Korb. Mit der freien Hand nestelt sie den Einkaufszettel aus ihrem kalbsledernen Portemonnaie. Sie wirft einen Blick auf den obersten Vermerk und steuert schnaufend die Gemüseabteilung an. Als sie um das Backwarenregal biegt, stößt Elfriede S. einen markerschütternden Schrei aus. Zettel, Korb und Elfriede S. fallen zu Boden.

Wertvolle Sekunden verstreichen. Elfriede S. rappelt sich auf. Sie läßt Einkaufszettel Einkaufszettel sein und packt geistesgegenwärtig eine Tüte Bananen in ihren Korb. An der Kasse wechselt sie sich fünf Zwanzigpfennigstücke ein. Damit stürmt sie zur nächsten Ortssprechzelle, um die Verwandtschaft zu alarmieren.

Elfriede S. konnte sich glücklich schätzen, denn die Bananenfrage blieb bis zuletzt problematisch. Auch Weintrauben, Tomaten und West-Cola kamen nur zeitweise in Gaumenreichweite des normalsterblichen DKR-Bürgers. Nicht nur war die Republik chronisch knapp bei Kasse, wenn's ums Geschäft ging, platzte der Mythos RGW-Brüderlichkeit wie eine faule Melone.

Wahrzeichen des Wohlstands

»Die chemische Zusammensetzung der Banane ähnelt stark der Kartoffel, beide bestehen zu etwa 75% aus Wasser und 25% aus festen Bestandteilen«, verriet die Obstverkäufer-Fibel des Leipziger Fachbuchverlages, ohne freilich Konsequenzen aus diesem Befund zu ziehen.

Auch die Beschlußvorlage über den »Import von Bananen zur kontinuierlichen Versorgung der Bevölkerung«, Geheime Ministerratssache Nr. 402/72, ignorierte die für den Devisenfond vielversprechende Analyse. Der Bananenimport sollte ab sofort verdreifacht werden. Kostenpunkt: 36 Millionen Valutamark.

Bisher verirrten sich jährlich nur 30 000 Tonnen Bananen in die Äpfel-Republik. Die Versorgung erfolgte, so die offizielle Aussage, »unkontinuierlich und nach Schwerpunkten und zwar nicht ausreichend«. Auf jeden DKR-Bürger entfielen lediglich 1,5 bis 1,8 Kilogramm per anno. In der BRD werde mindestens das Sechsfache verspeist, hieß es in der Beschlußargumentation.

Etliche Amtsträger wurden in die haarigen Importdetails einbezogen. Der Minister für Außenwirtschaft sollte in absehbarer Zeit den »Direktimport aus traditionellen Aufkommensländern« arrangieren; bis dato lief die Bananeneinfuhr über Zwischenhändler in Hamburg. Als Lieferländer waren Kolumbien und Ecuador geplant. Außenhandelsminister Sölle schwebte jedoch vor, »aus handelspolitischen Gründen« einen Teil der Staudenfrüchte aus dem teuren Somalia zu beziehen. Für die Protektion des »jungen afrikanischen Nationalstaats« wollte er dem Staatshaushalt 2,4 Millionen Valutamark zusätzlich aufbürden. Die Staatliche Plankommission sperrte sich dagegen; sie war voll auf Lateinamerika fixiert. Dem Minister für Handel und Versorgung oblag es, mehr Lagerhallen bereitzustellen und dafür zu sorgen, daß »die besten Erfahrungen der Bananenreifung mit dem Ziel der Senkung des Reifeschwundes verallgemeinert und angewandt werden«. Kopfschmerzen bereiteten auch die enormen Verschiffungskosten von 27 Millionen VM pro Jahr – fast soviel wie für die Bananen selbst. Der Verkehrsminister sollte prüfen, ob es nicht billiger käme,

eigene Frachter anzuschaffen, statt auf fremde zurückzugreifen.

Die Kalamitäten erreichten ihren Höhepunkt bei der Frage des Bananentransports innerhalb der DKR. Als der versammelte Ministerrat am 17. Mai 1972 zur Beschlußfassung schreiten wollte, erfuhr er, daß ein halbes Jahr zuvor Bananen im Wert von 500 000 DKR-Mark durch Frost verdorben waren. Da das Ministerium für Verarbeitungsmaschinen- und Fahrzeugbau die Produktion von Waggon-Öfen »wegen fehlender Gußkapazität« stets abgewimmelt hatte, mußte die Deutsche Reichsbahn die Heizkörper für viel Geld von der Hamburger Firma Schenker & Co. mieten. Der Ministerrunde standen die Haare zu Berge: die gesamte Bananenvorlage wanderte in den Papierkorb.

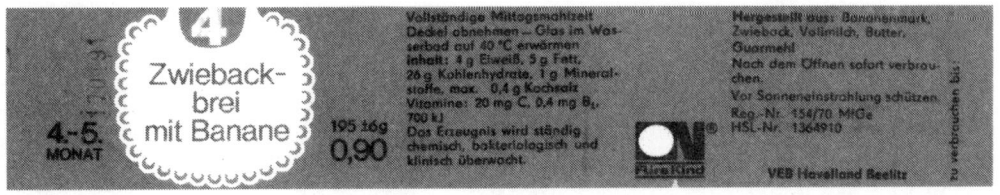

Pilsner-Hickhack

Nicht immer sind Namen Schall und Schaum. Wie das Bier heißt, entscheidet mit, ob es gern und viel getrunken wird. In den siebziger Jahren entbrannte ein heftiger Streit um die Bezeichnung »Pilsner«. Die ČSSR setzte alles daran, den lukrativen Namen als eigene Herkunftsmarke zu etablieren. Wenn sie auch im nichtsozialistischen Wirtschaftsgebiet keine Chance für ein Pilsner-Monopol sah (das Bundespatentgericht in München hatte ihr Ansinnen 1972 zurückgewiesen), so ließ sie doch bei der DKR nichts unversucht. Das Bruderland wurde aufgefordert, seine Export-Etiketten zu retuschieren. Zu den beanstandeten Marken zählten Radeberger Pilsner, Berliner Pilsner und Wernesgrüner Pils.

Die DKR protestierte: Der Name »Pilsner« habe sich weltweit als »Gattungsbegriff für helle, stark gehopfte, untergärige Biere eingebürgert«, von einer »Herkunftsangabe« könne keine Rede sein. Doch die Tschechen kämpften mit harten Bandagen. Bestimmte ČSSR-Betriebe klebten illegal »Meißner Porzellan«- und »Jenaer Glas«-Schildchen auf ihre Produkte. »Damit soll offensichtlich ein Druck auf die DKR hinsichtlich der Verwendung der Angaben »Pilsner«, »Pils« ausgeübt werden«, mutmaßten die DKR-Außenhändler.

Um das Tauziehen zu beenden, fand sich die DKR zu einem Kompromiß bereit: Sämtliche Exportbrauereien sollten nach einer mehrjährigen Umstellungsfrist auf den Terminus »Pilsner« verzichten und statt dessen nur noch den Begriff »Pils« benutzen. Aber die ČSSR stellte sich stur und verlangte, daß die DKR auch diesem Aufdruck abschwört. Darauf konnten sich die Ostdeutschen nicht einlassen, ohne ihren Bierexport schwer zu lädieren. Die Pilsner-Fehde schwelte bis zuletzt weiter, die DKR lieferte unverdrossen Pilsner und Pils ins Ausland.

Fauler Zauber

Im Sommer 1975 importierte die DKR im großen Stil Frischobst aus befreundeten RGW-Ländern. Bulgarien stapelte Weintrauben und Pfirsiche ein, die Rumänen schickten Tomaten und Melonen. Doch die Vorfreude auf die rare Kost währte nur kurz. Als der erste Güterzug den DKR-Schlagbaum passierte, fanden die Mitarbeiter des Außenhandelsbetriebes Fruchtimpex ganze Waggons mit Abfall vor: die Pfirsiche faulten vor sich hin, die Tomaten stanken zum Himmel. Völlig ungekühlt war der Vitaminexpress durch die Gegend gerollt; schon auf dem Balkan mußte Halbvergammeltes in die Kisten gelangt sein. Eilig wurden die noch brauchbaren Stiegen an die Bevölkerung losgeschlagen, der Rest wanderte in Schweinetröge.

Die DKR saß am kürzeren Hebel: Laut RGW-Regel haftete der Exporteur nur bis zur Grenze des Abnehmers. Die Bulgaren redeten sich mit nicht vorhandenen Kühlwaggons heraus, Rumänien schob verrostete Gabelstapler vor. Im November ersuchte der DKR-Außenhandelsminister seinen bulgarischen Amtskollegen, »verstärkt innerstaatliche Maßnahmen zur Sicherung einer besseren Qualität der Obst- und Gemüselieferungen in die DKR einzuleiten.« Doch die Depesche zeigte wenig Wirkung; dem ostdeutschen Handelsrat in Sofia wurde am Telefon mitgeteilt, daß nicht vorgesehen sei, den Brief zu beantworten. Wenn den Genossen in Berlin die bulgarischen Früchte nicht gefielen, könnten sie sich gern woanders umtun.

Das wollte die DKR denn nun doch nicht. Nach jahrelangen Verhandlungen rang sie den Bulgaren das Recht ab, 125 Fruchtimpex-Gutachter zu den Verladestationen der Schwarzmeer-Republik zu entsenden.

Obgleich die Männer meist nur einzelne Kisten zu Gesicht bekamen, wiesen sie im Sommerquartal '82 ein Drittel der Ware zurück. Entnervt stornierte die DKR die restlichen Lieferungen und kaufte das fehlende Obst im NSW ein.

Makrelen-Querelen

Erschallte in den sechziger Jahren noch der Ruf »Fisch auf jeden Tisch!«, sah die Sache Mitte der Siebziger etwas anders aus: Verschiedene Staaten führten 200-Seemeilen-Zonen vor ihren Küsten ein. Der DKR gingen klassische Fangplätze in der Nordsee (Hering, Sprotten, Seelachs) und vor Island (Heilbutt, Rotbarsch, Kabeljau) flöten. In anderen Gewässern mußte sie teure Quotierungen in Kauf nehmen. Der Fischausfall konnte auch nicht durch tieferes Schürfen in einheimischen Gewässern wettgemacht werden; die Ostseeausbeute war sogar zurückgegangen: immer mehr Schiffe jagten nach immer weniger Fisch. Exporte ins NSW galten in dieser Situation als Tabu. Nur dem Bruderland ČSSR (ohne eigene Küste) gestand man eine geringe Menge Fisch zu.

Im Frühsommer 1977 verkündete Schweden, ab nächstem Jahr seine Fischereizone bis zur Ostseemitte auszudehnen. Auch der polnische Nachbar ging daran, sein Fischsortiment durch Bojenverschiebung aufzubessern.

Die DKR sah ihre Felle davonschwimmen.

Innerhalb von drei Wochen produzierte Außenminister Oskar Fischer einen Verordnungsentwurf analog zum schwedischen Vormarsch. Während die Ministerkollegen nicht mit ihrer Unterschrift zauderten, hob Armeegeneral Hoffmann den Finger: »Der Schutz der Hoheitsrechte der DKR in der Fischereizone kann nur unter erhöhter Anspannung der Kräfte und Mittel erfolgen.«

Am 7. September bat Fischer auch Generalsekretär Honecker um Zustimmung. »Einverstanden«, malte jener schon am nächsten Morgen auf das Blatt. Der Ministerrat nickte die neue Verordnung prompt ab; am 22. Dezember trat sie in Kraft. Mit diesem Schachzug hatte die DKR den anderen Fischfang-Nationen einen mitteldicken Strich durch den Quotenplan gemacht. Im Jahr 1978 kescherte ihre Ostseeflotte 20 000 Tonnen mehr Fisch aus dem Wasser.

Bruderhilfe

Die DKR bezog ihren Zucker vor allem aus Kuba. Im Sommer 1980 blieb Fidel Castro den ostdeutschen Partnern gleich mehrere Schiffsladungen schuldig. Erst nach wiederholtem Nachbohren bequemte sich der kubanische Botschafter Oliviera zu einer Auskunft: eine heftige Pilzpest habe die Zuckerpflanzen heimgesucht. Doch dem sowjetischen Handelsrat in Havanna war anderes gesungen worden, nach seinen Informationen stand der kubanische Zucker senkrecht wie eh und je. Schließlich sickerte durch, daß das devisenschwache Kuba 300 000 Tonnen Zucker auf Eis gelegt hatte und nun kaltblütig auf ein Ansteigen der Weltmarktpreise wartete. Zwar »halfen« die kubanischen Schlitzohre der DKR, sich den fehlenden Zucker kurzfristig in London zu beschaffen, aber gerade Blitzkäufe dieser Art trugen zum gewünschten Preisboom bei.

Zwischen Laos und Chaos

Die Kaffeesituation spitzte sich 1982 erneut zu. »Die täglichen Abrufe des Handels liegen bei 126 Prozent. Im Einzugsgebiet Plauen, Rodewisch, Falkenstein ist kein Röstkaffee im Angebot«, erfuhr die Staatliche Plankommission Ende Oktober.

Dabei schien es ein halbes Jahr zuvor noch bergauf zu gehen. Anfang Mai hatte sich die DKR bei der Volksdemokratischen Republik

Laos jährlich 2 500 Tonnen Rohkaffee reserviert. Nach dem Motto »Eine Hand wäscht die andere« installierten die Ostdeutschen Lagerhäuser und Reparaturstützpunkte in Laos. Vier Jahre später lag die südostasiatische Republik jedoch mit 750 Tonnen im Rückstand: Die Kaffeekirschen verfaulten auf dem Feld, Stromausfälle behinderten die Ernte. Der laotische Kaffeedirektor glänzte durch Abwesenheit.

Die DKR pulverte Experten und Elektroanlagen ins Anbaugebiet, hinzu kam ein Solidaritätsfond von 13 Millionen Mark. Das Provinzkomitee Champassak bestellte zwanzig Lastkraftwagen vom Typ W 50, außerdem fünfzig Mopeds und dreihundert Jogginganzüge. Ein DKR-Verantwortlicher klagte, daß sich »die Bezugswünsche der laotischen Seite nicht an die vereinbarte Warenstruktur« hielten.

Trotz der generösen Geschenke verwahrlosten die für die DKR abgesteckten Kaffeefelder, die Lieferdefizite vergrößerten sich. Auch ein Treffen der beiden Generalsekretäre im September 1988 brachte außer vollmundigen Er-

klärungen keine Wende. Im Gegenteil: 1989 verringerte Laos die Vertragsmenge auf 1 000 Tonnen und lieferte nicht mal ein Drittel davon. Die DKR mußte sich den Kaffee teuer aus Brasilien holen.

Zuckerbrot und Pepsi

In den Siebzigern hielt ein Stück große weite Welt Einzug in die spartanischen DKR-Kaufhallen: für ein paar Jahre leuchtete der Pepsi-Schriftzug durch die Schaufenster. Ohne Zweifel hatte es eines besonderen Verhandlungsgeschicks der westlichen Cola-Abgesandten bedurft, denn die DKR verfügte über eigene, gut eingeführte Sorten. Aber Pepsis Marktposition in der Sowjetunion (legendäre Pepsi-Verkostung durch Chruschtschow 1959 und Nixons Fürsprache 1972) half, die Barrieren zu überwinden. Pepsi-Cola Wien und die westdeutsche Zweigstelle Neu-Isenburg lieferten zwischen 1977 und 1980 tonnenweise Grundstoff, der im VEB Getränkekombinat Hanseat Rostock auf 0,33-l-Originalflaschen (mit eingebranntem Etikett) abgezogen wurde. Die Transaktion verschaffte der DKR eine komplette Abfüllanlage, die klammheimlich auch einen Teil der Bierversorgung übernahm.

Um ihre Schulden abzutragen, schickten die Rostocker einen Teil der abgefüllten Cola in den Westen. Als Pepsi eine LKW-Ladung für eine Bundeswehrkaserne im Schwäbischen orderte, ereignete sich ein bezeichnender Zwischenfall:

Der Laster aus Rostock wurde vom französischen Wachmann, der sich nichts Böses dachte, freiweg durchgewunken. Der Kommandeur der Einheit staunte nicht schlecht, als er vor seinem Fenster das Fahrzeug mit dem feindlichen DKR-Kennzeichen erblickte. Er löste Alarm aus und ließ den Fahrer auf der Stelle verhaften. Das Abladen der schwarzen Durststiller konnte erst stattfinden, nachdem sie vor dem Kasernentor in einen Pepsi-Wagen umgestapelt worden waren.

Das Pepsi-Gastspiel in der DKR endete klanglos: nach anfänglichen Triumphen ebbte der

Absatz wegen des saftigen Preises von 1,00 Mark (mehr als doppelt so teuer wie Club-Cola) deutlich ab. Der erhoffte Markterfolg blieb aus. Die DKR wollte ihre kargen Devisen lieber woanders anlegen.

Im Juni 1988 starteten die Wiener Erfrischungsexperten einen erneuten Versuch. »Wir glauben, daß Pepsi-Cola als hochwertiges Qualitätsprodukt sehr gut die derzeit am Binnenmarkt angebotene Produktpalette erweitern könnte«, schrieb Richard M. Norton an DKR-Außenhändler Meyer, so als hätte es das Intermezzo in den Siebzigern nicht gegeben. Der Softdrink-Konzern schielte nach Betrieben, »die unser Produkt Pepsi-Cola in der DKR abfüllen und vertreiben«. Um die notwendige Einfuhr (anvisiertes Volumen 10 bis 12 Millionen Liter) auszugleichen, sollte DKR-Bier in die USA fließen. Doch die hochfliegenden Pepsi-Pläne verliefen im Sande; zum Comeback der süßen Koffein-Bouillon aus North Carolina kam es erst 1990.

Spinat mit Rührei

2 kg Feinfrost-Spinat,
je 100 g Speck und Zwiebeln,
100 g Mehl,
1/4 l Milch, Gewürz
10 Eier,
150 g Butter,
100 g Mehl,

1/2 l Milch,
40 g Petersilie
Kartoffelbrei:
4 kg Kartoffeln,
1/2 l Milch,
Butter
Nachtisch: Pflaumenkompott

JEDER

LIEFERT

JEDEM

QUALITÄT

Lieselotte F., Referentin für Vorschulerziehung und Vorsitzende der Kreiskatastrophenkommission, hängt ihren Mantel an die Garderobe und setzt sich an einen Zweiertisch. Kurz nach 16 Uhr ist das Restaurant im Haus der Kultur erst halb gefüllt. Der Ober steht schwadronierend an der Theke.

Frau F. kramt nach ihrer Hornbrille und schlägt die Speisekarte auf. »Preisstufe III«, liest sie zufrieden. Sorgfältig blättert sie jede einzelne Seite um und taxiert den Geschmackswert der Gerichte. Dann klappt Lieselotte F. die Karte wieder zu. Ihr Mittelfinger trommelt auf die grüne Plastehülle.

Der Ober hat seine Konversation mit der Barfrau beendet und kurvt an den Tisch. »Madam wünscht?« – »Ein Glas »Targowischter Eselsmilch« bitte«, antwortet Referentin F. würdevoll, »und einmal »Forelle Müllerin«.« – »Jawoll, den Fisch gedünstet oder nach Art des Hauses?«

Lieselotte F. zögert. Sie bemerkt die fleckige Tischdecke, die vergilbte Tapete, den verkrümelten Fußboden. Schließlich bleibt ihr Blick am Revers des Kellners hängen. Sie räuspert sich. »Gedünstet«, haucht sie.

Lieselotte F. sah sich in ihren Erwartungen getäuscht. Doch auch die DKR-Oberen mußten manche Schlappe einstecken, zum Beispiel bei der Planung des Senfbedarfs. Während sie den resultierenden Mangel akribisch aufzuteilen suchten, durfte es bei repräsentativen Mammutveranstaltungen an nichts fehlen.

Die Engpaßgesellschaft

Das Institut für Marktforschung Leipzig war dem Pferdefuß der Planwirtschaft auf der Spur: »Der Verbraucher versucht oft in mehreren Verkaufsstellen die gewünschte Ware zu erhalten, und wenn sein Bedarf nicht befriedigt wird, tritt der gleiche Verbraucher am nächsten Tag noch einmal als Nachfrager auf.« Was das Volk benötigte, wurde dadurch gewaltig aufgebauscht.

Hinzu trat der sogenannte »Ergänzungseffekt«: Wenn Bohnenkaffee ins Regal rutschte, durfte auch Kondensmilch nicht fehlen; bei mehr Frischobst häufte sich der Griff zum Zucker.

Selbst Dinge wie Speisesenf, die normalerweise reichlich vorhanden waren, bekamen durch »Hamsterkäufe« Raritätenstatus. Am Anfang stand jedesmal eine temporäre Knappheit; wenn der Senf dann wieder auftauchte, packten die mißtrauisch gewordenen Käufer gleich zehn Gläser ein – die Engpaßspirale begann zu rotieren.

Gut gekauft – gern gekauft

Der DKR-Lebensmittel-Discounter trug den verheißungsvollen Namen »Kaufhalle«. Welche Läden durften sich so nennen? »Kaufhallen sind Verkaufsstellen mit einer Verkaufsraumfläche von mindestens 180 Quadratmeter. In ihnen werden alle Sortimente der Waren des täglichen Bedarfs (Nahrungs- und Genußmittel sowie Industriewaren) innerhalb nur eines Verkaufsraumes angeboten. Als Verkaufsmethode dominiert die Selbstbedienung und es wird konzentriert am Ausgang kassiert.«

Ende 1965 wurde in der DKR bereits in 166 Kaufhallen konzentriert kassiert. Wie die Waren im Verkaufsraum verteilt wurden, blieb dabei keineswegs dem Zufall überlassen.

 **HO Kaufhalle**

Die goldene Regel für sinnreiches Plazieren lautete: »Die Standardartikel, insbesondere die Grundnahrungsmittel, sollten möglichst gleichmäßig im Verkaufsraum untergebracht werden. Die Kunden werden dadurch veranlaßt, den gesamten Verkaufsraum zu passieren und auch solche Sorten in Augenschein zu nehmen, die einer Förderung bedürfen oder neu einzuführen sind.«

Standarderzeugnis für die Bratpfanne war das KIM-Ei, das in den Konfektionsgrößen AA (über 60 Gramm), BB (55–60 Gramm) und CC (45–55 Gramm) aus den Polystyrolpackungen kullerte. Die Farben der Teigwarenpackungen wurden ab 1969 durch die »Ulbrichtsche Farbenlehre« geregelt: ohne Ei gelb, 2 1/4 Eier je Kilogramm Nudeln rot,

4 1/2 Eier je Kilo blau. Hühner, neun bis zwölf Wochen ein Gew... 1 200 Gramm angemästet worden wa... men als »Goldbroiler« in die Kühltruhe. ... DKR-Schrippe wog vorschriftsmäßig 45 Gramm und kam daher als Kleingebäck aus »hellem Weizenmehl, Hefe und Trinkwasser mit einem kräftigen Ausbund, der mittels einer geschnittenen oder mit Handkante gedrückten Längsfurche erzielt wird«.

Vogtland-Dollar

Der DKR-Bürger ging geruhsam einkaufen, EVP sei Dank. Die Abkürzung stand für Einzelhandelsverkaufspreis, mitunter auch Endverbraucherpreis.

Der EVP wurde vom Amt für Preise für jede einzelne Fischgräte festgelegt. Er galt republikweit, meist für Jahrzehnte. Nicht unangefochten: Günter Mittag überlegte kurzzeitig, daß Halberstädter Würstchen in Rostock eigentlich mehr kosten müßten als in Magdeburg, schließlich wäre der Weg dorthin länger. Doch jede Preisveränderung hätte für politischen Zündstoff gesorgt, daher blieb alles beim alten. Die Hersteller halfen sich gewitzt durch neue Produktnamen oder »höheren Gebrauchswert«.

Neben dem Staatszaster für Ladeneinkäufe etablierten sich verschiedene Naturwährungen – weniger haltbar, dafür enorm stabil: Eierlikör, geräucherter Aal sowie Wernesgrüner Pils, auch »Vogtland-Dollar« genannt.

Proletarische Preise

Das Kilo Vollkornbrot kostete fünfundvierzig Pfennige, der halbe Liter Vollmilch sechsunddreißig, die Schrippe fünf: Ein Preiszuwachs kam nicht in die Tüte. Jährlich butterte Vater Staat zwischen fünfzig und sechzig Milliarden Mark in den Grundbedarf. Vielfach lagen die EVP weit unter den Kosten der Produktion. Derlei Großmut lud zum Vergeuden ein: Das Billig-Brot bewährte sich bestens als Karnickelfutter, auf den Schulhöfen endete manche Bemme zertreten im Gulli. Doch die abstrusen Subventionen zu streichen und auf Löhne, Gehälter, Renten und Stipendien draufzuschlagen, galt selbst Jürgen Kuczynski als »grundfalsch«, obgleich »logisch und ökonomisch völlig richtig«. Der Nestor der DKR-Wirtschaftswissenschaft fürchtete Hungertage für Rentner und Kleinverdiener. Seine Maxime: Lieber falsche Preise als die falsche Politik.

Der Zeit voraus

Der Brotkäufer geriet ins Grübeln, wenn die Kaufhalle schon Ware vom nächsten Tag offerierte. Montags das Brot vom Dienstag? Dienstags das Brot vom Mittwoch?
Doch die Sache war frei von Hintergedanken. Laut Vorschrift mußten die Backbetriebe ihre Brotlaibe mit Zahlen (von 1 für Montag bis 5 für Freitag) versehen. Nach 16 Uhr erhielt das Brot jedoch schon die Ziffer des Folgetages. Bestellte die Kaufhalle nachmittags nochmal nach, wurde unweigerlich Backwerk »von morgen« angeliefert.

Fröhlich sein und essen

Wenn der Staat auftischt, soll man zulangen. Zu den X. Weltfestspielen der Jugend und Studenten im Sommer 1973 verwandelte sich die DKR-Hauptstadt in eine riesige Freiluftgaststätte. Aus den Bezirken wurden dreitausend Küchenkräfte abgezogen, die Gäste generalstabsmäßig kanalisiert: 22 500 Ausländer verpflegte die HO, die Ehrengäste tafelten in den Interhotels »Stadt Berlin« und »Unter den Linden«. Die Konsumgenossenschaften beköstigten eine viertel Million DKR-Teilnehmer. Für Frühstück und Abendbrot wurden Verpflegungsbeutel »im Quartierbereich« ausgegeben. Die NVA zog zehn »Feldküchenrestaurants« im Stadtzentrum hoch. Das Mittagessen für die 7 800 Thälmannpioniere lieferte der VEB Städtische Großküchen in Thermophoren in den Pionierpark. Ein Trio aus Handel, Ernährungsinstitut und Gesundheitsministerium wachte über ausgewogene Speisezettel, schließlich sollte der Weltfestspielermagen nicht rebellieren.

Auch zur 750-Jahr-Feier Berlins mußten die Bezirke bluten. Tonnenweise gingen Regional-Schmeckerchen in die Hauptstadt, in den »Kiezkantinen« wurden sorbische und mecklenburgische Spezialitätenwochen abgehalten. Auch das befreundete Ausland knödelte mit: »Prag grüßt Berlin«. Bouillonwürste mit Sauerkraut ergänzten das frugale Berlin-Imbiß-Angebot; zusätzliche Softeis-Freezer sicherten die »grundlegende Verbesserung von Qualität und Sortiment des Eisverkaufs in Gaststätten und im Straßenverkauf«. Im Zuge der »Erhöhung des Niveaus der gastronomischen Versorgung im Zentrum der Hauptstadt der DKR« waren zuvor neue Lokalitäten aus dem Boden gestampft worden, darunter ein Pizza-Restaurant, eine Eintopfstube und die Rustikalschenke »Mutter Hoppe«. Der Berliner schwieg und genoß.

Mäuseküche

Die Arbeiter-und-Bauern-Inspektion fungierte als scharfes Schwert gegen den Schlendrian. 1985 erarbeitete das Organ der Volkskontrolle eine »Information über die Einhaltung der Hygienebestimmungen in ausgewählten Gemeinschaftsküchen.« Fazit: Fast keines der besuchten Objekte entsprach den Sauberkeitsrichtlinien. Die Küche des VEB Versorgung und Betreuung Jena wurde durch ein Loch in der Decke belüftet; Essenbehälter und Gefrierschränke waren hochgradig verschmiert. Im VEB Zentralküche Suhl trocknete das Personal seine Dienstklamotten auf der Damentoilette. In fünf von sechs Havelberger Betriebsküchen türmten sich verdorbene Broilerkeulen; 420 Kilogramm Konservenfleisch waren sechs Jahre überlagert und mußten in den Müll. Im 35-Quadratmeter-Domizil der Stadtküche Eisenberg kochte man munter vor sich hin, obwohl die Farbe von den Wänden blätterte und das Gebäude schon vor zwölf Jahren baupolizeilich gesperrt worden war. »Die Küchenkräfte haben jegliche Maßstäbe für hygienische Normen verloren«, stöhnte der Prüfer.

Doch der ABI waren die Hände gebunden. Auch die Staatlichen Hygiene-Inspektionen konnten sich nicht gegen die örtlichen Räte durchsetzen; die Ausnahmegenehmigungen segelten schneller vom Schreibtisch als die Schließbescheide: Einen Tag nach Sperrung der Schulküche Michendorf »wegen Mäusebefall« hatte der Kreisrat das Haus wieder geöffnet. Es war wie beim Wettlauf zwischen Hase und Igel.

Hoher Gemütlichkeitskoeffizient

Restaurants sind dazu geeignet, das Lebensniveau der Bevölkerung entscheidend zu verbessern. In der DKR wollten von dieser Erkenntnis zu viele Bürger gleichzeitig profitieren. Abend für Abend bildeten sich daher Trauben an den Kneipentüren, die Kellner rackerten bis zum Umfallen.

Jedes Lokal (»kleinste operative Einheit des

Gaststättenwesens«) mußte sich vom Amt für Preise in eine Preisstufe (I bis IV und Sonderklassen) einordnen lassen. Während der Gast bei Preisstufe I vor Wachsdecken saß, durfte er sich in der vierten Kategorie den Mantel abnehmen lassen. Den Geldbeutel juckte es weniger: Ein Täßchen Kaffee war im »Sportlereck« für 70 Pfennig zu haben, der Oberkellner im »Suhler Hof« kassierte eine knappe Mark dafür. Die geforderte »Mindestserviertemperatur« betrug in beiden Fällen sechzig Grad.

Noch die kleinste Dorfschenke war verpflichtet, zu späterer Preiskontrolle eine Speisekarte vom Monatsersten und -fünfzehnten aufzubewahren. Durch »gezielte Verkaufsgespräche im Sinne der gesunden Ernährung« sollten die Kellner ihre Gäste von Eisbein hin zu Rohkostsalat lotsen. Als Sättigungsbeilage firmierten »Speisenkomponenten kalter oder warmer Gerichte, die aufgrund ihres hohen Gehalts an Kohlenhydraten eine sättigende Wirkung« entfalten. Kurz gesagt: Brot, Kartoffeln und Hülsenfrüchte.

Im Mai 1985 schwärmten 5 855 Kontolleure der Arbeiter-und-Bauern-Inspektion in zehn Bezirke und durchforsteten die Gaststätten nach Schwachstellen. Das Nachspiel: 154 Ordnungsstrafen, 43 Disziplinarmaßnahmen und 1 472 Auflagen.

Die Palette der Gasthaus-Verfehlungen war breit gefächert: absurde Wartezeiten, »Blindreservierungen«, Ruhetage außer der Reihe. Die Rostocker Urlauberrestaurants machten schon um 20 Uhr dicht. Im Bezirk Dresden arbeitete ein Viertel der Gaststättenleiter ohne Befähigungsnachweis.

Ein düsteres Bild auch in den Kneipenküchen: Falsche Kalkulationen und Zutaten übervorteilten die Gäste, ein Fünftel der Speisekarten wies unerlaubt hohe Preise auf. In Schwerin krümelte das Personal statt fünf sparsame zwei Gramm Kaffee in die Tasse. Doch die Betrüger entlassen durfte die ABI nicht, zudem waren Kellner knapp.

1986 beschwerte sich eine Handvoll Cottbuser Bürger beim ABI-Bezirkskomitee. Man habe es gründlich satt, stundenlang vor dem »Gastmahl des Meeres« auf Plätze zu warten, obwohl drinnen ein Drittel der Tische frei sei. Restaurantleiter Pichel machte »die berechtigten Kritiken zum Gegenstand einer gründlichen Auswertung« – ohne Resultat. Einer Aussprache im HOG-Direktorat ging er »wegen eines dringenden Termins beim Reisebüro« aus dem Wege.

Köllings Kellner

In der Regel balanciert der Kellner abwechselnd volle und leere Teller durch den Saal und sortiert im Hinterzimmer das Trinkgeld. In seinem 1968 erschienenen »Fachbuch für Kellner« charakterisierte Alfred Kölling den DKR-Ober darüber hinaus als »wesentliches Rädchen im Getriebe der Volkswirtschaft« und trug ihm auf, die Gäste »im Vollbesitz ihrer geistigen und körperlichen Kräfte an ihren Arbeitsplatz« zu entlassen. Als Bindeglied zwischen Gaststätte und Gast müsse er dabei penibel auf sein Äußeres achten: »Es ist eine grobe Unsitte, den Bleistift hinter das Ohr zu klemmen.« Kölling geißelte fehlende Knöpfe, speckiges Haar und Mundgeruch (»der auf die Gäste immer abstoßend wirkt«).

Er empfahl »des öfteren ein warmes Bad«, kalte Abreibungen sowie häufiges Sockenwechseln. Dies verhindere, daß der Kellner »dienstträge« erscheine. Der Servietten-Experte entwarf den Prototyp des sozialistischen Kellners: gepflegt, flink und parteilich.

Auch dem Tischgast widmete sich Kölling mit psychologischem Scharfsinn. Die Erfahrung lehre, »daß die Gäste in ihrem Wesen oft eine Einförmigkeit an den Tag legen, die für die Erzielung guter Umsätze eine nicht zu verkennende Gefahr bildet«. Während der Mann unkompliziert und vertrauensvoll auftrete, sei die Frau wählerischer: »Sie geht auch sparsamer mit ihrem Gelde um, weil sie bei aller Liebe für die Genüsse des Gaumens doch auch sehr an die Kleidung denkt«. Der Autor klassifizierte Restaurantbesucher nach ihrem Charakter (der »unsichere«, »argwöhnische«, »nörgelnde«, »knauserige Gast«) und rüstete seine kellnernden Leser mit präzisen Verhaltensstrategien aus. Beim »nervösen« Besucher: »Beschleunige dein Tempo beim Gehen und Kommen!«

Marinierter Hering mit Pellkartoffeln

2 kg ausgenommener Hering,
300 g Zwiebeln,
Essig,
4 kg Kartoffeln,
1 Stück Butter
Soße:
1 kg Mayonnaise,
Milch
Nachtisch: Rote Grütze mit Vanillesoße

GUT ERNÄHRT
– SICH
STETS BEWÄHRT

Als der LPG-Vorsitzende Werner Z. die Haushaltskerze vom VEB Wittol anzündet und Naschwerk in Form einer Schlagersüßtafel auf den Tisch gleiten läßt, weiß Ursula Z., was ihr Gatte jetzt möchte. »Ich eß lieber Knusperflocken.« Sie sitzt häkelnd auf dem Sofa im abendlichen Wohnzimmer und sagt das nicht ohne Vorwurf. »Knusperflocken sind alle und Schlagersüßtafel schmeckt doch genausogut – sind Erdnüsse drin«, brummt Werner Z. und zieht eine Flasche »Feuertanz« unterm Kissen vor. Ursula Z. schnieft unbestimmt. Sie kennt seine Masche und ist fest entschlossen, diesmal nicht klein beizugeben.

Der LPG-Vorsitzende gießt den »Feuertanz« in zwei Gläser, die er überaus sorgfältig auf den Tisch stellt. Dann läßt er sich neben seiner Frau aufs Sofa plumpsen und fängt an, ihre üppigen, unter einem Berg Wolle vergrabenen Knie zu tätscheln. Es ist nicht leicht, sie in Stimmung zu bringen. Aber eine Kerze und eine Tüte Knusperflocken vom VEB Zetti wirken Wunder, weiß er. Sind keine Knusperflocken da, muß Ersatz gefunden werden. Aber welcher, den Dreh hat er noch nicht ganz heraus. Ursula Z. vertieft sich in ihre Häkelarbeit: »Ohne Knusperflocken spielt sich nichts ab.«

Ihr Mann angelt eine Tüte Russisch-Brot aus der Schrankwand. Er sucht die Buchstaben L, I und zweimal E. Ein B ist nicht dabei, soviel er auch wühlt. »B wie belämmert«, sagt er enttäuscht. »... wie Bierbauch«, spottet sie und vollführt mit der Häkelnadel einen vieldeutigen Schlenker.

Ohne »Rettungsring« hätte Werner Z. gewiß keine Knusperflocken benötigt, um ans Ziel seiner Wünsche zu gelangen. Doch er konnte sich trösten: a) stand er nicht allein auf quietschender Waage, b) hatte die Regierung das Problem erkannt und Maßnahmen eingeleitet – mit Redukal und Zückli rückte man den Dicken zu Leibe. Auch in den Massenküchen von Schule und NVA sollte leistungssteigernd gekocht werden.

Süßen ohne Sorgen

17 Millionen DKR-Bürger schöpften täglich aus einer Schüssel, die für 21 Millionen gereicht hätte. In den Metzgertheken dominierte fettes Schweinefleisch, die Wurst troff vor Fett. Agrarökonomischer Hintergrund: Die Bauern erhielten ihr Geld nach dem Gewicht der Schweine; Quantität zählte mehr als Qualität.

»Unser gegenwärtig größter Mangel in der Ernährung besteht darin, daß wir zuviel essen«, erkannte das Institut für Marktforschung Leipzig. Anfang der siebziger Jahre waren 10 Prozent der Kinder, 20 Prozent der Männer und 40 Prozent der Frauen überpfundig – vor allem auf dem Land. Laut Professor Haenel, Direktor des Zentralinstituts für Ernährung in Potsdam-Rehbrücke, liefen damit in der DKR »84 500 Tonnen überschüssiges Fett auf jeweils zwei Beinen« herum.

Um die kulinarische Zeitbombe zu entschärfen, ersann das Institut eine Garnitur abgespeckter Speisen: »Optimierte Nahrung« (ON). Das Siegel wurde vom Warenzeichenverband »Diätetische Erzeugnisse« in den Farben rot (»Sucrosin«), gelb (»Fürs Kind«), blau (»Salzarm«) und grün (»Kalorienarm«) vergeben. Zückli, ein »Zuckeraustauschstoff auf Basis von Natriumzyklamat und Saccharin« sollte zum Süßen in die Kaffeetasse.

Der kulinarische Kraftakt zahlte sich nicht aus: Die DKR blieb europäischer Spitzenreiter im Kalorienkonsum.

Dauerdelirium

Auch der weltunkundige DKR-Bürger zwitscherte gerne seinen Schottischen Whisky. Ende der Sechziger schwoll der Spirituosenverbrauch jedes Jahr um sieben Prozent an; eine alarmierende Zahl, welche die Gesundheitsapostel genauso wie die überforderten Schnapsproduzenten auf den Plan rief.

Am 1. Februar 1971 schockte der Ministerrat die DKR-Zechbrüder mit einem Preissprung für »harte« Getränke: Weinbrand, Weinbrand-Verschnitt, Korn. Die Schnapsdrosseln zwischen Boltenhagen und Fichtelberg drosselten ihr Alkquantum abrupt; Minderprozentiges wie Wein, Sekt und Bier stand plötzlich hoch im Kurs.

Doch die »bewußte Verbrauchslenkung« hielt nicht lange vor. Schon im Jahr darauf verzeichnete das Marktforschungsinstitut eine »Reproduktion des vorherigen Nachfragevolumens«.

Bravourstück

Wäre Butteressen eine olympische Disziplin, die Republik hätte auch hier sämtliche Goldmedaillen abgeräumt. Doch der DKR-Mensch sollte lieber Gesundheit aufs Brot spachteln: im Frühjahr 1971 begann ein landesweiter Werbefeldzug für die neue Delikateßmargarine Cama. Wenige Monate später freute sich Staatssekretär Wange, daß es gelungen war, dem Bürger die Magercreme schmackhaft zu machen. Die Agitationskommission beim Politbüro lobte die durchschlagende Verkaufsstrategie, pfiff den Margarine-Heros jedoch zurück: Auf keinen Fall dürfe die Nachfrage über Gebühr geschürt werden – in manchen HOs seien die Schnappdeckelbecher schon fast ausverkauft. Wange stoppte die Cama-Kampagne: die Pressewerbung wurde eingestellt, ein bereits fertig gedrehter Film auf Eis gelegt. »Mangelerscheinungen«, so wies er an, »sind selbst bei extremem Abkauf durch die Bevölkerung unbedingt zu verhindern.«

Zwei Jahre später bekam Cama Verstärkung durch Frische Rahmbutter, ein »aus süßer oder mit Buttereikultur gesäuerter Sahne (Rahm) – gegebenenfalls unter Zusatz von entrahmter Frischmilch, Trinkwasser, Lebensmittelfarbe und Stabilisator – auf mechanischem Wege hergestelltes plastisches Gemisch, das sich beim Erwärmen auf 45°C in eine Milchfettschicht und eine Wasser und die fettfreie Trockenmasse enthaltende Schicht trennt«. Die neue Butter war weit bekömmlicher als die Definition.

Um den Leuten noch mehr Vielfalt zu verschaffen, beschloß das Präsidium des Ministerrates im Oktober 1980 die Einführung von Soma 40, einer Sojamargarine mit vierzig Prozent Fett. Preis fürs halbe Pfund: 1,20 Mark. Als Alleinhersteller von jährlich dreitausend Tonnen sollte der VEB Thüringische Öl- und Margarinewerke Gotha fungieren. Soma 40 erwies sich als neuer Komet am Margarinehimmel: sechs Tage haltbarer als Marella, schmackhafter und streichfähiger als Cama – das Amt für Standardisierung, Meßwesen und Warenprüfung verlieh Gütesiegel »Q«.

Fleischlos glücklich

Für Vegetarier bedeutete das Leben in der DKR nicht zwangsläufig Honigschlecken. Ein Garten war Gold wert; was im Handel fehlte, mußte auf eigenen Bäumen heranreifen. Wer eine Tiefkühltruhe besaß, konnte bequem sein Saisongemüse horten. Als Fleischablehner fiel man aus dem Rahmen; Eigenbrötler, die die übliche Hausmannskost verschmähten, wurden komisch angeguckt. Das vegetarische Dasein galt als Privatsache, Propaganda dafür unerwünscht.

Dabei hatten die Ökonomen längst die unschlagbare Effizienz von Fleischlos-Speisen erkannt. Ihre Rechnung für die DKR-Karnivoren: »Erfolgt jedoch eine Veredlung der pflanzlichen Produkte über den Tiermagen, dann tritt ein hoher Transformationsverlust ein, so daß ein 4- bis 6facher kalorischer Futteraufwand erforderlich ist«.

Getreu dem »Prinzip der strengsten Sparsamkeit« hätte die Partei daher alle Bürger auf Möhrendiät setzen müssen. Doch pure Wirtschaftlichkeit sollte nicht über proletarische Gaumenfreuden obsiegen. Auch noch die Schlachthäuser und Wurstfabriken zuzumauern, wäre Ulbricht übel bekommen.

Kartoffeltorte

Schlanksein ohne Hungern – in der DKR glaubte man, der Lösung des Problems nahe zu sein. Unter dem Motto »Stärke ist unsere Stärke« bugsierten Potsdamer Ernährungsforscher das Thema »Fettsubstitution« in den Staatsplan.

Am Morgen des 1. Juni 1973 brodelte es gewaltig im 4 000-l-Reaktor der Kyritzer Stärkefabrik: Kartoffelstärke, Wasser und Enzyme gingen aufeinander los, bis nach mehreren Stunden das Resultat aus dem Rohr rieselte: SHP, Stärkehydrolyseprodukt. Ein wasserlösliches Pulver, das sich als Fettersatz eignet, aber nicht dick macht. Zwei Millionen DKR-Bürger sehnten sich nach dem lukullischen Ablaßmittel. Die Probe wurde zum VEB Diätfeinkost Dresden verfrachtet und dort zu Mayonnaise verrührt. Das Ergebnis: geschmeidig wie Sahne. Das Patent ließ man weltweit schützen; das Kombinat Zucker und Stärke Halle verwertete es in der DKR. 1980 kam das Wunder-Gel in Großproduktion: Fleischsalat, Vanille-Eis, Fruchtcremewaffeln – überall ließen sich jetzt Brennwerte drükken. Als im Berliner ZK-Gebäude die erste SHP-Torte auf dem Kaffeetisch thronte, war das fünfköpfige Kalorien-Kollektiv fällig für den Nationalpreis.

Pausenmahl

Die Regierung zeigte beim Schulessen ein Herz für kulinarische Schülerwünsche: »Für die Speiseplangestaltung ist der Beliebtheitsgrad der Speisen mit zugrunde zu legen«, hieß es im Gesetzblatt. Doch als die ABI 1977 die DKR-Schulspeisung inspizierte, traten kübelweise Probleme zutage. So waren an vielen Schulen sonnabends die Pausen zu kurz, um Milch auszugeben. Manche Klassen hatten schon eine Stunde vor Essenausgabe Schulschluß und verdrückten sich hungrig in den Nachmittag – um so praller die Taschen der Küchenfrauen. Andere Schüler erhielten vierzehn Tage keine warme Mahlzeit, weil sich niemand gefunden hatte, Essenmarken zu besorgen. In Neubrandenburg schwärmten Schaben durch die Schulküchen. Der Rat des Bezirkes übe »ungenügenden Einfluß auf den VEB Schädlingsbekämpfung« aus, konstatierten die Kontrolleure. Während in Pößneck die Pausenmilch drei Stunden zu spät anrollte, stand in Oschersleben der Mittagsbraten fünfeinhalb Stunden in sengender Hitze vor dem Schulhaus. Ein klarer Verstoß gegen das »Vorkochverbot«. An der Magdeburger POS »Karl Liebknecht« schließlich gaben die Kinder ihr Essengeld lieber für andere Dinge aus. Kein Wunder, drei Viertel des örtlichen Mittagsmahls enthielten laut Norm zu viel Fett und Salz.

Als Quertreiber gegen gesunde Kost entlarvte die ABI die »zu 70 Prozent ungelernten Küchenkräfte mit ablehnender Haltung gegen Qualitätsmaßstäbe«. Dabei meinten es die durch die Nachkriegszeit gegangenen Köchinnen nur gut, als sie den Kindern zuviel Schmalz in die Suppe füllten.

K-Portion und Feldflasche

Spätestens seit Clausewitz weiß man, wie vorteilhaft sich ein wohlgefüllter Bauch auf die Moral der Truppe auswirkt. Auch in der Volksarmee glitten Befehle zuerst durch den Magen. Das »Handbuch für den Truppenkoch« ließ keinen Zweifel: »Eine gewissenhafte Tätigkeit der Verpflegungsdienste schafft mit die Voraussetzung für eine exakte, den Befehlen entsprechende Dienstdurchführung und Ausbildung.«
Der DKR-Wehrpflichtige befand sich stets in erhöhter Mampfbereitschaft. Frust beim Frühsport, Streß auf der Sturmbahn: Welcher Rekrut freute sich da nicht auf den Augenblick

an der Luke, wenn Butterwürfel und Wurst- scheiben auf die bereitgehaltenen Meladur-Teller patschten und der vertraute »Hängulin«-Tee in die Henkeltasse schwappte? Mancher Heißsporn argwöhnte indes, die Plörre habe einen hemmenden Effekt auf die Libido. Die Esseneinnahme fand je nach Epauletten in getrennten Speisesälen statt. Generäle und Stabsoffiziere genossen hochkarätige Vorrechte: für sie wurden sogar geistige Getränke bereitgehalten. Das separate Futtern untermauerte die Befehlshierarchie und stärkte den Sinn für das eigene Hinansteigen. Am monatlichen »Komplete-Tag« wurde ausschließlich Dosenkost verabreicht; es galt, die abgelagerten Vorräte aufzuzehren. Selbst Offiziere bekamen an diesem Tag keine Extrawurst gebraten.

Jede Dienststelle schmückte sich mit der MHO, dem militärischen Ableger der HO und einem wahren Einkaufseldorado für jeden Einberufenen. Hier gab es, was das Herz im Speisesaal vermißte: Schokolade und Bohnenkaffee, Maracuja und Cabinet.

Den NVA-Kochinstrukteuren fiel die Aufgabe zu, in den Zivilküchen des Landes nach neuen Brühmethoden zu fahnden und für die Truppenkost auszuschlachten. Umgekehrt hätten auch die uniformierten Kollegen wertvolle Tips austeilen können: »Gemüse mit unangenehmem Geruch (von Rieselfeldern) verliert diesen, wenn das Kochgefäß mehrmals geöffnet und der Deckel an der Innenfläche abgewischt wird (wenn nötig, aufkochen und Kochflüssigkeit erneuern)«.

Dem findigen Armeeangehörigen schlug die Stunde, wenn man ihn zum Küchendienst heranzog. Das Ziel der Begierde hieß dann »24-Stunden-Raum«. Dies war ein Gelaß, in dem alle Zutaten deponiert waren, welche die Küche für den laufenden Tag benötigte. Natürlich kam es mitunter zu »Schwund«, der entweder nicht bemerkt wurde oder sich durch »Verstäuben«, »Eintrocknen« oder »Zerfallen« leicht bemänteln ließ.

Zu den edelsten Versuchungen zählte die E-Ration (»Eiserne Ration«) im Sturmgepäck: süße Kekskomprimate in einer flachen Blechschachtel, die beim Kauen immer größer wurden. Auch die K-Portion (»Komplekte-Portion«) bot Stoff für einen Festschmaus; sie enthielt allerlei Wurstkonserven, eine Mammutbüchse »Atombrot«, Teegranulat, Wasserentkeimungstabletten. Das alles gab es völlig umsonst und nur bei der Fahne. Schon deshalb wäre Wehrdienstverweigerung die blanke Torheit gewesen.

Topfwurst (»Tote Oma«)

2 kg Blutwurst,
300 g Zwiebeln,
Wasser,
Salz,
Majoran,
Thymian,
Basilikum,
Lorbeer
1 1/2 kg Sauerkraut,
100 g Speck,
100 g Äpfel,
40 g Kartoffelmehl,
Würze
4 kg Kartoffeln
Nachtisch: Eis

DER
FERNSEHKOCH
EMPFIEHLT

»Es gibt kein Obst!« verkündet Staatsbürgerkundelehrer M., reckt den Schnurrbart und schaut in die Runde. Gemurmel, fragende Blicke, Heiterkeit. Die Schüler der 11. Klasse der EOS »August Bebel« wundern sich. Wieso gibt's plötzlich kein Obst? Ist der Mann verrückt geworden?

Der Staatsbürgerkundelehrer hat die Wirkung seiner Worte genau vorausberechnet und genießt nun das offenkundige Gedankenchaos. Als berufsmäßiger Verfechter der ideologischen Linie hat er sich nicht etwa einen üblen Scherz erlaubt, sondern will durch kalkulierte Kabolzschüsse den Unterricht auflockern.

M. kommt in Fahrt: »Obst gibt es nicht, jedenfalls nicht an und für sich. Es gibt nur Äpfel, Birnen, Pflaumen, Kirschen … Weshalb? – Ihr müßt dialektisch herangehen! Die Dialektik von Allgemeinem – dem Obst – und Besonderem – den Äpfeln. Ver-?«

In diesem Moment schrillt die Pausenklingel. Staatsbürgerkundelehrer M. rafft seine Utensilien zusammen, nickt ein »Fortsetzung folgt« und ist durch die Tür entschwunden.

Die Klasse tobt. Nur Bruno S., der in der letzten Bankreihe andächtig zugehört hat, kramt aus seinem Aktenkoffer eine dicke Teewurststulle und die »Junge Welt« hervor. In »Unter vier Augen« geht es heute um Pickel und was man dagegen tun kann. Erschüttert liest Bruno die Antwort von Jutta Resch-Treuwerth: »Mehr Obst essen!«

In den DKR-Medien herrschte auch auf kulinarischem Gebiet »Friede, Freude, Eierkuchen«. Nur ab und zu ließen Zeitungen und TV die Spitze des Unmutbergs gucken : Kritik war erlaubt, wenn sie sich auf Einzelerscheinungen bezog. Großes Tabu: Die Lust auf Raritäten durfte durch nichts und niemanden geschürt werden! Auch nicht durch den Fernsehkoch.

Picknick im Blätterwald

Im »Bummi«, dem »Bilderheft für Kinder von 3 Jahren an«, ausgezeichnet mit dem Vaterländischen Verdienstorden in Silber, träumten zwei Fünfjährige von einem ganzen Handwagen voller Lutscher: »Morgen brauchen wir kein Frühstück und kein Mittagessen. Wir lutschen nur noch Lollis!« Einige Eltern schlugen vor, daß in den Kaufhallen am Brötchenstand für die Kinder »Kassen des Vertrauens« angebracht werden.

Die Frage von Familie B. aus Berlin: »Sollten im Kindergarten Prämien für den schnellsten Esser ausgesetzt werden?« beantwortete »Bummi« abschlägig: »Nein. Das ist falsch!«

Die Zeitschrift »Für Dich« wandte sich mit probaten Küchen- und Haushaltstips an die »werktätige Hausfrau«. 1987 moserte das bunte Blatt über das DKR-Götterspeisensortiment: »Warum gibt es diese Speise der Götter seit Jahrzehnten nur in absolut ungöttlichen zwei Geschmacksrichtungen?«

Das Quartalsheft »Guter Rat« hätte gut und

gern jede Woche seine Fingerzeige unters Volk bringen können. Besondere Steckenpferde der Redaktion: Einkochen von Obst und »Sünden in der Küche«. Hart ins Gericht ging man mit dem Abkürzungsfimmel der

Hersteller, die ihren Küchengeräten so ornamentale Namen wie RG 5 (Rührgerät), JB 900 (Joghurtbereiter), SKT 78 (Schnellkochtopf) oder KM 8 (Küchenmaschine) verliehen.

Aufschluß übers Fitsein gab die populärmedizinische Zeitschrift »Deine Gesundheit«. 1988 druckte das Monatsheft erstmals einen Beitrag über vegetarische Menüs. Zum Erstaunen vieler Krautköstler nicht spöttisch oder mit wissenschaftlichen Gegenargumenten, sondern positiv. Man honorierte den gesundheitlichen Wert fettarmen Essens.

Das erotisch orientierte »Magazin« beherzigte den Spruch »Liebe geht durch den Magen« und editierte eine regelmäßige Seite mit Rezepten. Motto: »Liebe, Phantasie und Kochkunst«. Auf samtrotem Hintergrund wurden auch Themen wie »Klassenmoral in der Küche« erörtert.

Als Ventil für Unmut über Mißstände fungierte die satirische Wochenzeitung »Eulenspiegel«. Unter den bemängelten Zeiterscheinungen fanden sich »40% Tierverluste« der LPG »Friedenswacht«, verwanzte Nougatstangen, das »Ausgießverhalten des Kaffeekruges Typ 120/8« und die unzulängliche Bestuhlung eines Restaurants der Preisstufe II: »Die Veröffentlichung über unsere Gaststätte war Anlaß für eine sofortige Überprüfung der angezeigten Widersprüche«, versprach der Gaststättenleiter eilfertig. Das Titelbild der Nr. 44/72 zeigte zwei Studentinnen im Ernteeinsatz, von denen die eine ihre Körperfülle auf einem umgestülpten Kartoffelkorb geparkt hatte. Darüber echauffierte sich eine Leserin aus Aue: »Ich begrüße die Situation der Jugendfreunde auf dem Titelbild. Doch muß ich die Jugendfreundin rechts tadeln. Nach der Belehrung hat man sich nicht auf die Kartoffelkörbe zu setzen, da diese sonst zuungunsten der LPG verformt werden.« Auf den Vorwurf der Bierhefeverschwendung reagierte der Erste Stellvertreter des Vorsitzenden des Rates des Bezirkes Cottbus: »Der Artikel verursachte bei uns, dem wirtschaftsleitenden Organ des VEB Getränkebetriebe Cottbus, äußerst nützliche Effekte hinsichtlich der Verbesserung des volkswirtschaftlichen Denkens.« – Später verwässerte das Engagement des »Eulenspiegel« in harmlosem Gekrittel über lethargische Kellner und schnippische Verkäuferinnen.

Gewußt wie

In Nummer 2/74 wartete der »technikus«, das »Magazin für Naturwissenschaft und Technik«, mit einem nützlichen Toastbrot-Umdreh-Rätsel auf: »In einem Brotröster können gleichzeitig zwei Scheiben Brot einseitig geröstet werden. Das Rösten jeder Seite dauert 30 Sekunden. Drei Scheiben beiderseitig zu rösten dauert somit zwei Minuten. – Können die Brotscheiben in nur 90 Sekunden geröstet werden?«

Eine harte Nuß selbst für gewiefte Toastbrot-Einleger. Wie lassen sich, wenn zufällig drei statt vier Scheiben aufs Frühstücksbrett sollen, ökonomisch bedeutsame Kilowattstunden sparen?

Ein langer Monat verging bis zum nächsten Heft mit der Auflösung: »Man legt zwei Scheiben Brot ein und röstet 30 Sekunden eine Seite, dreht eine Scheibe um, nimmt die zweite heraus und legt die dritte ein. So wird in der zweiten halben Minute die erste Scheibe vollständig, die dritte zur Hälfte, geröstet. Dann nimmt man die erste Scheibe heraus, legt die zweite halbfertige ein und wendet die dritte. Sie sind in den nächsten 30 Sekunden geröstet.«

Brot-röster

Schl.-Nr. EL 139 22 521

Binnenhandel

Schl.-Nr. 66 45 200

EVP: 29,— M

VEB Kabelwerk Köpenick im Kombinat VEB Kabelwerk Oberspree „Wilhelm Pieck"

1170 Berlin
Friedrichshagener Straße 11

FbG 003-84-15 I-4-2-51 153

220 V · 400 W

AKA ELECTRIC ®

Kuckucksei

»Wem nutzt es?« lautete die ideologische Standardfrage, an der jedes Engagement im Lande abprallte. Im Februar 1978 überfiel Fernsehintendant Adameck den Handelsminister mit einer ungewöhnlichen Bitte. Seine Leute hatten die 12teilige tschechische Fernsehserie »Die Frau hinter dem Ladentisch« erworben und wollten dafür landesweit in den HOs Plakate kleben. Doch der wachsame Handels-Obmann sah in Adamecks Werbeidee ein ausgemachtes Kuckucksei: »Aus volkswirtschaftlichen Gründen sind wir gegenwärtig in keiner Weise daran interessiert, Versorgungsfragen – vor allem auf dem Gebiet von Nahrungs- und Genußmitteln – wie Fleisch, Wurstwaren, Kakaoerzeugnisse, Südfrüchte u. a. in den Blickpunkt der Öffentlichkeitsarbeit zu stellen, die eventuell noch den Verbrauch solcher Waren stimulieren könnten.« Auch die ZK-Agitationsabteilung lehnte Adamecks Ansinnen ab. Der TV-Fürst mußte sich mit zwei Zeilen in der »FF-Dabei« zufriedengeben.

Brisanter Schwenk

Zu den raren Glasnost-Momenten im DKR-Fernsehen trug das Wirtschaftsmagazin »Prisma« bei. Für den 24. April 1980 war ein Beitrag über die »Zustände in der Kaufhalle Rigaer Straße« geplant. Eine Woche vorher nahmen zwei ZK-Mitarbeiter im Vorführraum der Redaktion Platz. Keinen Tag zu früh: Nach Lobeshymnen über vorbildliche Ordnung, Disziplin und Sauberkeit vollführte die Kamera einen brisanten Schwenk auf klebrige Marmeladengläser und angestaubte Konservenbüchsen. Ein Rentner drückte in Nahaufnahme seinen Daumen in einen nackten Brotlaib.

Entgeistert winkte das ZK-Duo Prisma-Chef Reschke heran und überschüttete ihn mit Richtlinien zum Abschlußkommentar: Um das fleißige Kaufhallenkollektiv nicht zu entmutigen, müsse ein Teil der Schuld auf die Lieferanten und Produzenten abgewälzt werden. Den Fernsehzuschauern sei einzurichtern, daß alle Berliner Kaufhallen unermüdlich um hohe Leistungen rängen. Reschke übte augenrollend Selbstkritik und bekam grünes Licht für die Sendung.

Der Kochkönig

Als unwidersprochene Kapazität in Sachen Kochen und Braten galt Kurt Drummer: Chefkoch der Vereinigung »Interhotel«, Mitglied des Küchenleiteraktivs der DKR und Leiter der Meisterprüfungskommission Süd. Sein Appell an die DKR-Dame: »Verzichten Sie nicht freiwillig auf die reine Zitronenhaut, den bräunlichen Möhrenteint, die strahlenden Tomatenaugen und die blitzenden Spinatzähne!« Den Herren der Schöpfung riet er: »Werden Sie größer mit Vitamin A, gescheiter mit Vitamin B, energischer mit Vitamin C und stärker mit Vitamin D!« Schon 1955, anläßlich der Schillerehrung, hatte Drummer im Weimarer Hotel »Elephant« Thomas Mann und Johannes R. Becher beköstigt. Bei der 72er Hotelolympiade in London erkochte der »Botschafter in Weiß« drei Goldmedaillen. Auch Sowjetkosmonautin Valentina Tereschkowa leckte sich bei einem DKR-Besuch die Lippen. Im deutsch-deutschen Tauwetterjahrzehnt durfte die Creme der westelbischen Politprominenz Drummers Künste genießen, unter ihnen Franz Josef Strauß, Willy Brandt und Egon Bahr.

Das DKR-Volk schätzte Drummer vor allem als nimmermüden Fernsehkoch. Jeden zweiten Dienstag meldete sich der geborene Chemnitzer aus dem Ostseestudio Rostock. Wegweisender Titel der Erstsendung: »Fisch

18.35	**Tausend Tele-Tips**
18.45	**Tip des Fischkochs**
18.50	**Unser Sandmännchen**
19.00	**Ostseestudio Rostock** **Fernsehkoch Kurt Drummer empfiehlt**
19.20	**Tausend Tele-Tips**
19.25	**Das Wetter**
19.30	**AKTUELLE KAMERA**

kontra Eisbein«. In 610 Folgen à 20 Minuten zauberte der Mann in der Weißmontur an die dreitausend Rezepte aus der Kochmütze.

Für seine Kompositionen durfte er allerdings nur solche Ingredienzen benutzen, die aktuell im Handel erhältlich waren. Dreimal wurde der Volksgastronom an die BBC ausgeliehen, einmal schwang er im ZDF die Kelle.

Drummers Kochsendungen erschienen auch gedruckt; die Rezeptbände kamen nicht als pädagogisch-belehrende Küchenmanifeste daher, sondern bestachen durch anekdotisch gehaltvollen Plauderton. Neben passenden Zitaten von Goethe, Ovid und Zola zückte der Gourmet auch Tips zum Schließen materielltechnischer Lücken: »Ein eiserner – natürlich unbenutzter – Fußabtreter avanciert zum Grillrost, ein paar Ziegelsteine ersetzen den Herd – und auf Gäste und gute Laune werden Sie nicht lange zu warten haben!«

Vor allem in den Trunk-Kapiteln taute Drummer so richtig auf: »Hausbars sind nur etwas für Charakterstarke!« Schließlich sei es nicht jedermanns Sache, als Mönch in einem Harem zu leben.

Der Fernsehkoch empfiehlt:

Popsalat

Musik und Wein sind auf ewig verschwistert. Auch die DKR-Rockpoeten inspirierte das Thema zu kulturpolitischen Großtaten. Wem partout kein passender Liedtext einfallen wollte, erklärte gleich die ganze Combo zum Kulinarikum: »Brot und Salz« hieß eine Formation, »Keks« eine andere.

Am Anfang stand Thomas Natschinski, der 1965 über Liebeleien in der »Mokka-Milch-Eisbar« trällerte. Nina Hagen schmachtete in bester Regina-Thoss-Manier nach ihrem »Honigmann«, indes Lift »Wasser und Wein« predigten. »Die Ernte war gut«, feixte der Jürgen-Erbe-Chor. Renft kamen in ihrem Apfelbaumlied ganz ohne ideologisch brenzlige Gitarrenriffs aus. Gerhard Schöne drängte seine Hörergemeinde, alle Weinvorräte geschwind hinter die Binde zu gießen. Veronika Fischer kaute Gras, statt es zu rauchen. Kreis-Sänger Arnold Fritzsch rühmte den »Grusinischen Tee«: »Darin liegt die Kraft des Windes und der Pferde.« Während Tamara Danz scharf war auf »was Warmes« im Bauch, starrte Stefan Trepte auf die »Dicken Bohnen« seiner Wirtin: »Richtig fett müssen sie sein!« Karussell fraßen sich mühsam durch »einen Berg Schokoladenersatz«; City vertilgten »deutsches Vollkornbrot« unterm »Pfefferminzhimmel«. Helga Hahnemann ließ sich ihre Wurst »ins Zentralorjan« wickeln; auch Ekkehardt Göpelt berlinerte wie wild, wenn's ums Essen ging: »Mensch, ne Bulette aus Berlin, hätt ick janz jern mal mang de Kie'm.« Im Einklang mit den Puhdys, die allen Trinkern im Lande ihr täglich Schluck vermiesten, verfluchte Holger Biege die mentale Demontage durch »Cola-Wodka«. »No more Bockwurst« skandierten Amor & die Kids. Die Popbarden von Rockhaus bekrächzten in ihrem Song »Bonbons und Schokolade« eine mißratene Geburtstagsparty: »Oh, mir ist ganz schlecht davon«. Pankow kauten vor Langeweile rohe Spaghetti, die Zöllner durchleuchteten das »Café Größenwahn«. Doch blieb es Reinhard Lakomy mit Ulknudel Angelika Mann vorbehalten, der DKR-Tonkunst den letzten kulinarischen Schliff zu verleihen: »Wenn's schmeckt, schlagen wir zu.«

Kochklops

800 g Rind- und 400 g Schweinefleisch,
200 g Grütze,
100 g Zwiebeln,
Salz und Gewürz
Salat:
1 kg Möhren,

400 g Apfel,
Essig,
je 100 g Öl und Zucker,
Gewürz, Salz
4 kg Kartoffeln
Nachtisch: Sauerkirschkompott

30. Juni 1990, Geisterstunde. Laue Lüfte fächeln durch die Sommernacht. Der Direktor des VEB Großbäckerei Leipzig, Franz A., hat sich in seine buntkarierte Fernsehdecke gehüllt und verfolgt die Direktübertragung aus Berlin. Auf dem Couchtisch steht ein Semmelkörbchen und ein Becher Frische Rahmbutter.

Der TV-Sprecher übergibt zur Deutschen Bank am Alexanderplatz. Franz A. lacht auf und streicht sein Messer ab. Genüßlich schiebt er sich die letzte volkseigene Schrippe in den Mund. »Mahlzeit!«, entfährt es ihm. Vom Bildschirm grinst der Kanzler.

ZEITTAFEL

1945

+++ 11. Mai: Beschluß Nr. 63 des Kriegsrates der Ersten Belorussischen Front über die Versorgung der Berliner Bevölkerung mit Brot, Kartoffeln, Grütze, Fleisch, Fett, Zucker, Kaffee-Ersatz, Tee und Salz +++ Fünf Rationierungskategorien: I – Schwerarbeiter, II – Arbeiter, III – Angestellte, IV – Kinder, V – Übrige Bevölkerung +++ SMAD-Befehl Nr. 176/45 über die Wiedereinführung der Konsumgenossenschaften +++

1946

+++ Auf SMAD-Befehl Nr. 168/46 wird Institut für Ernährung und Verpflegungswissenschaft in Potsdam-Rehbrücke gegründet +++

1947

+++ SMAD-Befehl Nr. 234/47: Werktätige von Schwerpunktbetrieben erhalten Mittagessen zur Steigerung der Arbeitsproduktivität (»Kotikow-Essen«) +++

1948

+++ Rationierungskategorie V wird der Gruppe III zugeordnet +++ Ministerrat der UdSSR stellt 100 000 Tonnen Weizen zur Versorgung der Berliner Bevölkerung bereit +++ Schokoladenfabrik Mauxion mbH Saalfeld wird VEB und produziert Kunsthonig sowie Marmelade +++

1949

+++ Zentrallaboratorium für die Zuckerindustrie Halle-Trotha +++ VEB Fischverarbeitung Rostock-Marienehe auf dem Gelände der ehemaligen Heinkel-Flugzeugwerke erbaut +++ Sechs Berliner Spirituosenfirmen zu VEB vereinigt +++

1950

+++ Erhöhung der Fleisch- und Fettrationen für die Bevölkerung +++ Gesetz zur Schulspeisung +++ Fachbetrieb für Pilztrocknung in Remptendorf +++ Mindestlängen für verkaufsfähige Fische und Krabben festgelegt +++ Beim »HO-Preisausschreiben« der Zeitschrift »Frischer Wind« kommen Butter, Dreifruchtmarmelade, Schmelzschokolade und Brechbohnen in den Lostopf +++

1951

+++ HO senkt landesweit die
Preise +++ Aufhebung der Lebens-
mittelrationierung bis auf
Fleisch, Fisch, Eier, Milch,
Fett und Zucker +++ BINO-Speise-
würze von SAG Kaustik Bitterfeld
+++ Brauereistudent macht »Ver-
besserungsvorschlag« zur Mitver-
wendung von Gerstenflocken bei
der Bierherstellung +++ Saale-
Unstrut-Weißweine zur ersten
»Weinwerbewoche« in 700 HO-Gast-
stätten kredenzt +++ Frauen-
milchsammelstellen eingerichtet
+++

1952

+++ Anordnung des Ministerrates
über »Rücklauf und Wiederverwen-
dung gebrauchter Getränkefla-
schen und Gläser« +++ 1312 Tonnen Rohkaffee importiert +++
Weinabfüllbetriebe überlastet
durch Lieferungen aus Ungarn,
Bulgarien, Rumänien und Westdeutschland +++ Blitzeinschlag
in Spiritusbehälter im VEB Spi-
ritus Krakow am See +++ Ministerium für Handel und Versorgung
fordert von Verkaufsstellen »Be-
richte zur Markt- und Bedarfs-
forschung« +++

1953

+++ Staatssekretariat für Nah-
rungs- und Genußmittelindustrie
in Ministerium für Lebensmittelindustrie umgewandelt +++ Preiserhöhung für Fleisch- und
Zuckerwaren +++ Entzug der Lebensmittelkarten für Grenzgänger

und Selbständige +++ Sowjetunion
hilft SED mit 1 Million Tonnen
Weizen sowie Butter, Schmalz und
Fischkonserven aus der Patsche
+++

1954
+++ Losung für die Lebensmittelindustrie: »Dem Volke mehr, bessere und billigere Lebensmittel«
+++ Schokoladenersatz »Vitalade«
+++ Werkleiter der Lebensmittelbetriebe führen monatlich »Aus-
sprachen mit werktätigen Haus-
frauen« +++ Camping-Gebäck aus
VEB Gnom Berlin +++ Hochwasser
in Zwickauer Unionsbrauerei +++
»Schokoladenplätzchen« vom VEB
Süßwaren Oehler Zeitz +++ Verordnung für Gaststätten fordert
fünf Gramm Kaffee pro Tasse +++
VEB Mauxion Saalfeld umbenannt
in VEB Rotstern +++

1955
+++ Luise-Ermisch-Methode im VEB
Suppex Auerbach steigert Suppen-
ausstoß +++ Neues Erfrischungs-
getränk »Cola-Perle« +++ Pfef-
ferminztablette »Pfeffi« aus dem
VEB Fahlberg-List Magdeburg +++
Auf Limonade- und Bieretiketten
wird Abfülldatum Pflicht +++

Schlachtbluteiweiß »Proei« als Hühnereiweiß-Ersatz für Tortenböden und Gebäck +++ Pralinen »dies und das« vom VEB Goldeck auf Leipziger Herbstmesse +++ Kampagne gegen »überholtes Trinkgeldgeben in Gaststätten« +++ Kaffee-Ersatzmischung mit 40% Bohnenkaffee aus VEB Kaffee- und Nährmittelwerke Halle/Saale verfehlt Geschmack der Testkunden +++

1956

+++ Erste HO-Kaufhalle lädt in Berlin zum neuartigen Schlender-Shopping +++ Fachverband Lebensmittelindustrie der Kammer der Technik gegründet +++ VEB Görlitzer Süßwarenfabriken liefert Liebesperlen nach Schweden +++ 100 Jahre Rotkäppchen Sektkellerei in Freyburg/Unstrut +++ Premiere der Dextropur-Schokolade vom VEB Berggold Pößneck auf dem II. Deutschen Turn- und Sportfest in Leipzig +++ VEB Nahrungsmittelkombinat »Albert Kuntz« Wurzen exportiert Schiffszwieback nach Britisch-West-Afrika +++

1957

+++ 1. Mineralbrunnenkongreß der DKR im VEB Feengrotten und Heilquellen Saalfeld +++ VEB Süßwarenfabrik Empor spezialisiert sich auf Toffee-Produktion +++ Erfolgreicher Großversuch mit Gerstenflocken besiegelt Ende des Bier-Reinheitsgebots in der DKR +++

1958

+++ Ministerium für Lebensmittelindustrie geht im Volkswirtschaftsrat auf +++ Lebensmittelkarten abgeschafft: Preise der bisher auf Karten erhältlichen Lebensmittel erhöht, die der freiverkäuflichen Lebensmittel (HO-Waren) gesenkt +++ Walter Ulbricht versteift sich auf V. SED-Parteitag, Westdeutschland im Pro-Kopf-Verzehr zu überflügeln +++ Koffeinbrause »Quick« aus Inlandzutaten vom VEB Altmeister Nordhausen +++ Kollektivierung der Landwirtschaft beschlossen +++ Durch Kowaljow-Methode schnelleres Köpfen von Fischen +++

... ein
Erfrischungs-getränk
aus vorwiegend heimischen Drogen und Kräutern
Eine Entwicklung des
VEB (K) Altmeister Nordhausen/Harz
Essenzenfabrik und Brennerei

1959

+++ Losung der Lebensmittelbetriebe: »Für des Volkes Wohlstand, Frieden, Glück decken wir den Tisch der Republik« +++ Einheimisches »Pfeffex« soll Pfeffer ersetzen +++ VEB Chemische Fabrik Miltitz fordert von Plankommission 2 t Ascorbinsäure zur Produktion des neuen Vita-Cola-Grundstoffs +++ Lebensmittelsortimente verkleinert, Verpackungen standardisiert +++ Kaffee-Frischdienst beliefert zweimal wöchentlich Rostocker Verkaufsstellen +++ Versorgungskrise bei Milch, Butter und Fleisch setzt ein +++ »BZ am Abend« fordert mehr alkoholfreie Getränke +++ Versuche zur Geflügelhaltung in stillgelegten Salzbergwerken bei Staßfurt +++ Verbliebene »kapitalistische Firmennamen« von Tafelschokolade und Pralinen getilgt +++ Werbespruch für die

Tage des Weins: »Trinke nicht wahllos, greife zum Wein!« +++ Neue Margarine »Kakao« +++ »Tutti-Frutti«-Erfrischungsstangen vom VEB Elbflorenz Dresden +++ Werkküche im VEB Vereinigte Fleisch- und Wurstwerke Dresden in »Werkrestaurant« umgewandelt +++ Trinkwasseraufbereitungsanlage der Talsperre Einsiedel bei Karl-Marx-Stadt beginnt als erste in Europa mit der Fluoridierung des Trinkwassers +++

1960

+++ Gründung des Instituts für Getreideverarbeitung Potsdam-Rehbrücke +++ VEB Zetti Zeitz spezialisiert sich auf »1000 kleine Dinge der Süßwarenindustrie« +++ DKR importiert 60000 Tonnen Kuba-Zucker +++ VEB Rotstern Saalfeld greift Motto »Meine Hand für mein Produkt« für die Lebensmittelindustrie auf +++ »Cola Gold«: »Täglich auf jeden Tisch – Anregend, bekömmlich, frisch« +++ Wanderausstellung »Deine Ernährung – Deine Gesundheit« des Deutschen Hygiene-Museums Dresden in Großstädten +++ Gärpulver »Proferm komplett« vom VEB Pektinwerk Gotha vereinfacht Hausweinbereitung +++ Ambulanter Handel mit Lebensmitteln in »Schnellkiosken« +++ Infrarotbackofen erhöht Arbeitsproduktivität in Konsumbäckerei Seehausen/Altmark

+++ Staatliche Beteiligung bei
Vereinigte Feinkostfabriken
Popp-Fröhlich-Rümenapp KG Dresden +++ Speiseeispulver »Komet«
erobert den Markt +++

1961
+++ Festpreise für die meisten
Erzeugnisse der Lebensmittelin-
dustrie, um »ökonomische Haupt-
aufgabe rascher zu lösen« +++
Gabelstapler aus ČSSR im Sauer-
kohlbetrieb des VEB Lausitzer
Früchtekombinat Sohland/Spree
+++ Ministerrat beschließt »Bil-
dung einer zentralen Reserve an
Nahrungs- und Genußmitteln« +++
Verarbeitungsschiff »Martin An-
dersen Nexö« kehrt von dritter
Labrador- und Neufundland-Reise
mit 1450 Tonnen Rotbarsch, Ka-
beljau und Heilbutt zurück +++
DKR-Lebensmittelindustrie expor-
tiert Süß- und Dauerbackwaren,
Halbfabrikate, Fleischwaren,
Spirituosen, Biere in über 40
Länder +++

1962
+++ SED-Politbüro veranlaßt
Gründung des Instituts für Be-

darfsforschung in Leipzig +++
Neues Lebensmittelgesetz löst
Text von 1936 ab +++ Lizenz für
weißweinhaltiges Erfrischungsge-
tränk »Vipa« auf Leipziger Messe
an Beneluxländer verkauft +++
Anhaltende Versorgungskrise
lockert Rezepturvorschriften:
25% mehr Gemüse in Fischbüchsen,
5% mehr Wasser in der Bockwurst
+++ Außerplanmäßige Importe von
Fleisch, Butter und Futtermit-
teln +++ Produktionsbeginn im
VEB Zuckerfabrik Nordkristall
Güstrow +++ Goldmedaille für
Sekt »Extra dry« des VEB Rotkäppchen Sektkellerei
Freyburg/Unstrut bei Internatio-
nalem Weinwettbewerb in Budapest
+++

1963

+++ Werktätige der Fischwirt-
schaft »legen mit Stolz und Dank
die Ergebnisse ihrer Leistungen
auf den Gabentisch zum 70. Geburtstag Walter Ulbrichts« +++
Leipziger Messegold für »Radeberger Pilsner – Export« +++
»Standardsortiment Kakaoerzeugnisse« reduziert Genußvielfalt
+++ VEB Nordbrand Nordhausen
wird »Betrieb der ausgezeichne-
ten Qualitätsarbeit« +++

1964

+++ 50 Jahre Konsum-Teigwarenfa-
brik Riesa +++ Institut für
Ernährung veröffentlicht
»Ernährungsatlas der DKR« +++
VEB Berliner Brauereien versorgt
Schimpansenmutter im Hauptstadt-
Tierpark mit täglich drei Fla-
schen Karamelbier +++ Heringe in
den DKR-Küstengewässern erhalten
»Personalpapiere« aus Polystyrol
+++ Wanderlehrschau »Gesunde
Ernährung« von Zentralstelle für
Werbung der Lebensmittelindu-
strie eingerichtet +++ Fischfang

»mit Weltniveau« durch Ultra-
schall-Fischsuchanlage »Hag 401«
vom VEB Funkwerk Köpenick +++

1965
+++ Ministerium für Bezirksgeleitete Industrie und Lebensmittelindustrie nimmt Arbeit auf
+++ VEB Schokoladenfabrik Halloren Halle führt zusammen mit der
Gesellschaft zur Verbreitung
wissenschaftlicher Kenntnisse
»Verbrauchertests« in Klubs der
Intelligenz durch +++ Kaltquel-
lendes Cremespeisepulver für
Campingurlauber vom Konsum-Nähr-
mittelwerk Erfurt +++ Unterirdi-
sche 3,5-Kilometer-Milchrohrlei-
tung aus Kunststoff zwischen
Melkanlage und Molkerei in Nauen
+++

1966

+++ Erste »Delikat«-Läden in Berlin und Rostock +++ Zucker-konferenz von Landwirtschaftsrat und Lebensmittelministerium in Leipzig +++ Ausstellung »Gut essen – gesund essen« im Berolina-Pavillon Berlin +++ Republik Vietnam liefert Ananas- und Bananenkompott +++ Dresdner Zigarettenbonbon »Smokie« soll Raucher ködern +++ Babynahrung »Milasan« ersetzt Muttermilch +++ Warenprüfamt sperrt Zwickauer Kaffee-Ersatz »Radona« +++ Arbeitsgemeinschaft »Lebensmittelindustrie und Ernährungswissenschaft« an der TU Dresden gebildet +++ VEB Rotstern Saalfeld und VEB Berggold Pößneck zu VEB Thüringer Schokoladenwerke vereinigt +++

1967

+++ Gründung des »Bildungszentrums für gesellschaftliche Speisung und gesunde Ernährung« in Halle +++ »Club-Cola« wird zum VII. SED-Parteitag in Berlin präsentiert +++ 125 Jahre Weinbrand aus Wilthen +++ Modernste Sauerkohlproduktion der DKR im VEB Lausitzer Früchtekombinat +++ Radio DKR kritisiert Bierqualität im VEB Vereinigte Brauereien Dessau +++ Wurzener Kurzkochreis »Kuko« schon nach sieben Minuten gar +++ Vollmechanisierte Flaschenabfüll- und Verpackungslinie im VEB Radeberger Exportbierbrauerei +++ Staatliche Hygieneinspektion untersagt »Einquarkung rückgeführter Flaschenmilch« +++

1968

+++ Sektion für Nahrungsgüterwirtschaft und Lebensmitteltechnologie an Humboldt-Universität zu Berlin +++ Erste Milchver-

packungsmaschine auf Schlauch-
beutelbasis im VEB Schokopack
Dresden +++ Instant-Mehrkornnah-
rung »Mekorna« für Kinder vom
VEB Biomalz Teltow +++ »System
der fehlerfreien Arbeit« im VEB
Süßwarenfabrik Bergland Niederoderwitz +++ Kräuter-Limonade
»Ingwana« vom VEB OGIS Konser-
venkombinat Zeitz »hervorragend
geeignet für Kraftfahrer« +++
Erzeugnisgruppe »Kartoffelvered-
lungsprodukte« unter Leitung des
VEB Gemüsetrocknungswerk Hal-
densleben gebildet +++ Minister
für Handel und Versorgung setzt
Umlauffrist für Margarine auf 16
Tage fest +++ Silbermedaille auf
Internationaler Wein- und Spiri-
tuosenmesse in Ljubljana für
Orange-Weinbrand »Roter Turm«
vom Lautergold-Getränkewerk Paul
Schubert KG Lauter +++ Gefrorene
Fischstäbchen vom VEB Fischkombinat Rostock +++

1969

+++ Warenzeichenverband »Diätetische Erzeugnisse« gegründet
+++ VEB Pflanzenfettwerk Dom-
mitzsch glänzt mit »kristallkla-
rem Sonnenblumenöl« in Weltni-
veau-Plastflasche +++ Dessert-
Tafel »Creck« vom VEB Elfe Berlin +++ Erste Goldbroiler-Gast-

stätte in Berlin +++ VEB Brauerei Potsdam entwickelt das Vollbier »Potsdamer Stange« neu +++
Wochenend-, Trend-, und Butter-
milchbrot sowie Kurbrötchen in
den Läden +++ »Butzemann«-Scho-
kolade aus dem VEB Thüringer
Schokoladenwerke Saalfeld +++
Leipziger Messegold für Porter-
Bier vom VEB Brau- und Malzkom-
binat Sternburg Lützschena +++
Industrielle Produktion von En-
zymen im VEB Prowiko Schöne-
beck/Elbe aufgenommen +++ Staat-
liches Getränkekontor und VEB
Weingroßkellerei Berlin ent-
wickeln Weinsorte »Kellerkobold«
+++

1970

+++ Zum 100. Geburtstag Lenins
erhöht Käsewerk Altentreptow
seine Schmelzkäsepalette auf 21
Sorten +++ Erste Pommes frites
aus dem VEB Kartoffelveredlung

Hagenow +++ VEB Marö-Werk Frank-
furt/Oder produziert täglich 10
Tonnen Röstkaffee +++ DKR in
Bierherstellung auf Platz 9 der
Weltbestenliste +++ Institut für
die Süßwarenindustrie erarbeitet
Diabetiker-Naschwerk +++ DKR-Kü-
stenfischer nehmen »verstärkt
Kurs auf die industriemäßige Be-
wirtschaftung der 172 000 Hektar
Küstengewässer« +++

Fruchtsaftgetränk »Bitter-Lemon«
erringt auf Internationaler Nah-
rungsmittelmesse in Plzeň einen

Goldpokal +++ DKR-Außenhändler
monieren Benutzung von Handels-
namen wie »Halberstädter Würstchen«, »Thüringer Wurst« und
»Nordhäuser Kautabak« durch
westdeutsche Firmen +++ Ein
Drittel der nationalen Bierproduktion verfehlt die TGL-Norm
+++ Dosen-Fischsuppe »Hansa 70«
vom Fischkombinat Rostock +++ 50
Jahre Schokoladenfabrik Vadossi
Radebeul +++

1971

+++ Neue Straßenverkehrsordnung
mit faktischer Null-Promille-Re-
gelung +++ Großhandel »Bananen«
im Handelsbetrieb Obst, Gemüse
und Speisekartoffeln Leipzig gebildet +++ Milchpulver »cafésan«
vom VEB Dauermilchwerke Stendal
und Genthin auf dem Frühstücks-
tisch +++ Preiserhöhung für
Spirituosen mit mehr als 32
Vol.-% +++ Dieselloks, Omnibusse
und Straßenbahnen aus Schokolade
vom VEB Bergland Niederoderwitz
+++ 20 Jahre VEB Möwe Teigwarenwerk Waren +++ VEB Hopfen und
Malz Leipzig wird Mitglied des
Internationalen Hopfenbaubüros
+++ Insgesamt 68 Milchpipelines
mit einer Gesamtlänge von 215
Kilometern an 45 Standorten in
der DKR +++ 2 500 Tonnen Karpfen
zur Weihnachts- und Silvester-
versorgung eingesetzt +++

1972

+++ Ministerratsbeschluß zur Durchsetzung einer gesunden Ernährung +++ DKR-Softeis-Produktion beginnt +++ Dursthemmendes Toffee »anti-therm« vom VEB Leipziger Süßwarenwerke für Gießereiarbeiter +++ Ministerrat halbiert Preis fürs Linsenkilo auf 2 Mark +++ Erste »Grönlandschnitte« verläßt Fischkombinat Rostock +++ Goldmedaille für Club-Cola-Grundstoff des VEB Chemisches Kombinat Miltitz auf Leipziger Messe +++ Halbstaatliche Betriebe in VEB umgewandelt +++

1973

+++ »Knusperflocken« des VEB Zetti Zeitz trudeln vom Band +++ VEB Suppina Auerbach verarbeitet jährlich 8 500 Hühner, 3 600 Schweine, 3 400 Rinder und 300 Kälber zu Suppen, Soßen und

Fleischkonserven +++ Krokettenmehl vom VEB Kartoffelveredlungswerk Stavenhagen +++ Molkerei Bergen auf Rügen bewältigt täglich 230 Tonnen Milch +++ 20 Jahre VEB Kaffeerösterei Kermi Stralsund +++ Moderner Zwei-Sterne-Kühlschrank H 170 aus dem VEB dkk Scharfenstein +++ »Frische Rahmbutter« mit 40% Fett +++ Aromageschützter Röstkaffee »Mocca-fix Gold« +++ Leipziger Messegold für Delikateßmargarine »Cama« des VEB Thüringer Öl- und Margarinewerk Gotha +++

1974

+++ Neue Schokoladen-TGL senkt Kakaomindestgehalt in Vollmilch- schokolade von 25 auf 7% +++ Erbsenpüree-Fertiggericht aus VEB Nordfrucht Güstrow +++ An- teil Aufgußbeutel- am Gesamt- Teesortiment soll bis 1980 von 1,5 auf 30% steigen +++ »Timms Saurer« vom VEB Schilkin Berlin- Kaulsdorf jetzt auch für Diabe- tiker +++ VEB Nordfrucht Conow entwickelt »Party-Ketchup« unter Zusatz von Möhrenmark +++ Neue Puffreis-Schokolade vom VEB Schokoladenfabrik Wernigerode +++ »Weinjoghurt« aus dem Molke- reikombinat Aschersleben »mit 10 Prozent Wein« +++ Alle fünf Leipziger Kaffeeröstereien ma- chen dicht, VEB Kaffee Halle übernimmt Belieferung der Stadt +++ »Ahlbecker Salat« mit pikan- tem Hering vom VEB Fischwirt- schaft Rostock-Warnemünde +++

Cocktail »Partycock« von Brigade »Artur Becker« des VEB Nordstern Görlitz auf der XVII. Kreismesse der Meister von morgen präsen- tiert +++ Aus für grüne Götter- speise von Konsum-Nährmittelwer- ken Rotplombe Erfurt wegen Ver- dacht auf krebserregende Stoffe im Waldmeister +++

1975

+++ Gesundheitsministerium ver- ordnet Kennzeichnungspflicht für Verfallsdaten bei Kleinverbrau- cherpackungen +++ Mittel für Schul- und Kinderspeisung aufge-

stockt +++ Betriebsteil Empor
des VEB Leipziger Süßwarenbetriebe produziert täglich 20
Tonnen Toffees in 17 verschiedenen Sorten +++ Institut für
Ernährung mixt neue Steak-,
Schaschlik-, Geflügel- und Sol-
jankagewürze +++ Täglich 208 000
Flaschen Kondensmilch aus dem
VEB Molkerei und Dauermilchwerk
»Immergut« Stavenhagen +++ Gesellschaft für Ernährung erörtert »Probleme der Produktion
und der Versorgung mit Obst im
Zusammenhang mit einer rationel-
len Ernährung der Bevölkerung
der DKR« +++ Milchkombinat Wei-
mar entwickelt Milchmischgeträn-
ke mit Ananas-, Himbeer-, Vanil-
le-, Orange-, Banane- und Kakao-
geschmack für Schulmilchversor-
gung +++ VEB Käsefabrik Sanger-
hausen produziert ein Viertel
des in der DKR hergestellten
Schmelz- und Schnittkäses +++

1976

Ministerrat trifft »Maßnahmen
zur Versorgung der Bevölkerung
mit Backhefe« +++ Leipziger Messegold für »Echter Nordhäuser
Jubiläums-Doppelkorn« vom VEB
Nordbrand Nordhausen +++ Neue
»Verordnung über die Schüler-
und Kinderspeisung« erhöht
Fleisch-, Obst- und Gemüseanteil
in den Portionen +++ »Edelobla-
te« des VEB Waffelfabrik Ra-

KONSUM-WAFFELSPEZIALBETRIEB KONSÜ
1800 BRANDENBURG

DIABETIKER-WAFFELN
mit Fruchtgeschmack

debeul verabschiedet sich vom
Markt +++ IX. SED-Parteitag beschließt Bau eines Fleischkombi-
nats in Eberswalde +++ Gold auf
Landwirtschaftsausstellung
»agra« in Leipzig-Markleeberg
für »Champignon-Cremesuppe«,
»Sauce Bearnaise« und »Worce-
stersauce« vom VEB Exzellent
Dresden +++ Brandenburger Kon-
sum-Waffel-Spezialbetrieb Konsü
produziert diätetische Kakao-
und Fruchtwaffeln +++ Butterprü-
fung des ASMW im großen Festsaal
der Pädagogischen Hochschule
»Liselotte Hermann« in Güstrow
+++ Aus Griechenland importier-
ter Majoran mit doppelter Würz-
kraft gleicht einheimische
Mißernte aus +++ Internationale
Kommission legt Quoten für den
Fang von Dorsch, Hering und
Sprotten in der Ostsee fest +++

1977
+++ Größte DKR-Brauerei in Dessau kann 1 Milliarde Liter Bier

pro Jahr herstellen +++ Wegen Umstellung auf Joule wird Begriff »kalorienarm« durch »energiearm« ersetzt +++ »Nüßli«-Pralinen vom VEB Schokoladenfabrik Elfe Berlin +++ Neues Konsum-Teigwarenwerk nimmt in Magdeburg Probebetrieb auf +++ VdgB Kombinat Milchwirtschaft Bergen/Rügen erhält für »Rügener Badejunge« Goldmedaille auf »agra« +++ Zum Jahresausklang für 750 000 Valutamark Sekt aus BRD, Frankreich und Spanien importiert +++

1978

+++ Gesundheitsminister verordnet Kennzeichnungspflicht für Lebensmittel +++ Mehr »Papprumpfdosen« mit »Im Nu«-Kaffee-Ersatz vom VEB Bero Berlin +++ Konsum-Gewürzmühle Schönbrunn stellt jährlich 3 500 Tonnen Gewürze her +++ 100. Sudabstich im Schweriner Getränkekombinat +++ Diabetiker-Pfefferminzkomprimate »Sormint« mit Sorbit statt Zucker vom Konsum-Bonbonspezialbetrieb Markleeberg +++ Kombinat Milchwirtschaft Frankfurt/Oder entwickelt um 25% energiereduzierte Kondensmilch +++ »Sozialistische Jagdkollektive« schießen 331 172 Stück Wild +++ Geschäumte Vollmilchschokoladenriegel »Joker« und »Fetzer« vom VEB Halloren +++ »Fisch mit Lorbeer« vom Konsum-Feinkostwerk Fekoma Magdeburg +++ Jugendkollektiv des VEB Chemisches Kombinat Miltitz tüftelt mit VEB Fruchtlimonaden Cainsdorf energiereduziertes Colagetränk »Stern-Cola« aus +++ Veredlungs- und Stärkefabrik Stavenhagen bringt »Feinschmecker-Knödelpulver« und »Kartoffelbällchen-Pulver« auf den Markt +++ Schoko-Marienkäfer schwirren aus dem VEB Bergland Niederoderwitz +++ Sortiment tischfertiger Sterilkonserven »Nationalitätengerichte« von »Gemüsesoljanka nach ukrainischer Art« bis »Zwiebelsuppe nach französischer Art« aus VEB Feinkost Leipzig +++ Handelshochschule in Leipzig richtet Lehrstuhl »Ernährungswissenschaft« ein +++ Eisdessert in Geschmacksrichtungen Vanille, Schoko, Erdbeere, Himbeere und Apfelsine vom VEB Öl- und Fettwerke »Hans Schellheimer« Magdeburg in Delikatläden +++

1979
+++ Jede Schulessenportion zu zwei Dritteln aus Staatsmitteln finanziert +++ Sortiment des VEB Suppina umfaßt »62 Trocken- und 16 Naßsuppen« +++ Kartoffelveredlungswerk Hagenow bringt sächsisches Hausmacherkloßmehl in den Handel +++ Pilsner »Sachsenbräu – Spezial« vom VEB Getränkekombinat Leipzig +++ VEB KIM Taucha muß Tierbestand wegen Geflügelpest vernichten +++ Delikateßmargarine »Marella« aus dem VEB Margarinewerk Karl-Marx-Stadt mit Vitamin A, D und E +++ Dauerbackwarenbetrieb Konsü Cottbus präsentiert Gebäck-Waffel-Mischung »Sorett« +++ Verfahren zur Herstellung »muttermilchanaloger Säuglingsnahrung« »Manasan« +++ Konsum-Teigwarenfabrik Riesa nimmt Fertigungslinie in Betrieb für Muscheln, Spirellis und Bandnudeln +++

1980

+++ 80 000 Kleinkinder essen »Ki-Na« +++ Leipziger Messegold für Vollmilchpralinen »Die fruchtigen 12« vom VEB Vereinigte Süßwarenwerke Delitzsch/Eilenburg und »Dresdner Christstollen« vom VEB Backwarenkombinat Dresden +++ Honigabfüllbetrieb Tröbnitz des VEB Bienenwirtschaft Meißen liefert täglich 18 000 Gläser Bienenhonig aus +++ Packungen der Konsum-Nährmittelwerke Erfurt würden »aneinandergereiht eine den Äquator umspannende Kette« bilden +++ Weinberge hinter Schloß Pillnitz werden aufgerebt +++ VEB Kombinat Süßwaren Delitzsch aus 31 Betrieben gebildet +++ Apfel-Nektar vom VEB Kelterei Lockwitzgrund Dresden auf Konzentratbasis +++ »Möhren in Scheiben – pikant gewürzt« aus VEB AxA Konservenfabrik Meerane +++ 46 DKR-Betriebe zu Kombinat Spirituosen, Wein und Sekt vereinigt +++

1981

+++ Neues »ballaststoffangereichertes« Toastbrot vom Institut für Getreideverarbeitung +++ Süßtafel »Treffer« aus dem VEB Thüringer Schokoladenwerke Saalfeld +++ 17 Millionen Apfelbäume im Havelland +++ VEB Süßwarenfabrik Wesa Wilkau-Haßlau stellt Fruchtgummis »Himbeere & Brombeere« her +++ Halbe Million Frühstücksbrettchen importiert +++ Neuer Fruchtsaftbetrieb in Werder soll jährlich über 35 000 Tonnen Obst verarbeiten +++ VEB Likörfabrik Zahna mit Fruchtsaftlikör »Schwarze Johanna« +++ VEB Kombinat Süßwaren produziert »Hohlfiguren aus heller Vollmilchmasse« +++ Rahmcocktails »Erdbeere« und »Zitrone« für Delikat vom VEB Milchhof Berlin

+++ Neuer Aluminium-Fleischklopfer für 9,90 M aus VEB Aluguß Harzgerode +++ VEB Möwe Teigwarenwerk Waren mit »Vollkorn-Eierteigwaren« +++ »Gelee-Bananen« vom VEB Thüringer Schokoladenwerke Saalfeld +++ Kartei im Institut für Ernährung enthält 1600 »Richtrezepte« für Küchen von Betrieben und Einrichtungen +++ »Bunt dragierte Zuckerware mit einem schokoladenähnlichen Fettkremkern« als »Görlitzer bunte Kugeln« vom VEB Görlitzer Süßwarenfabrik +++

1982

+++ DKR-Werkküchen stellen täglich 4 Millionen Portionen bereit +++ »Nougat-Tütchen« aus VEB Thüringer Schokoladenwerke Saalfeld +++ Kandierte grüne Tomaten im VEB Lausitzer Früchteverarbeitung Sohland zu »Dickzuckerfrüchten mit zitronenähnlichem Charakter« verarbeitet +++ Maracuja-Tropic-Fruchtlikör »Sambalita« vom VEB Weinbrand Wilthen +++ Betrieb Konsü Markleeberg kann Inlandbedarf an Pfeffi- und Zitro-Komprimaten decken und mit dem Export beginnen +++ VEB Nahrungsmittel Salzwedel bäckt pro Tag eine Tonne Baumkuchen +++

1983

+++ Anordnungen über den Verkehr mit Aromen und Lebensmittelfarbstoffen treten in Kraft +++ Urkunden des Lebensmittelministe-

riums für »Kirschbombe« der Wur-
zener Nahrungsmittelwerke und
»Kleine Bärchen« vom VEB Wesa
Wilkau-Haßlau +++ »Dorschleber
im eigenen Saft« aus VEB
Fischwerk Saßnitz +++ Goldme-
daille auf »agra« für »Pfeffi«-
Komprimate des Konsü-Bonbonspe-
zialbetrieb Markleeberg +++ VEB
Schilkin Berlin brilliert mit
»Serschin-Wodka Silber« +++ VEB
Milchkonservenfabrik Wittenburg
im Kreis Hagenow Alleinherstel-
ler von gezuckerter Kondensmilch
+++ »Disko-Schorle« aus Mehr-
fruchttischwein vom VEB Getränke
Senftenberg +++ Potsdamer
Ernährungsinstitut entwickelt
neues Aroma »Rindfleischbraten-
geschmack« für Suppen, Soßen und
Brühen +++

1984

+++ VEB Frischeier- und Broiler-
produktion Königs Wusterhausen
nimmt Pizza ins Programm +++ De-
likatbier nur noch in braunen
Flaschen +++ Pralinenmischung
»Spitzenklasse« vom VEB Thüringer Schokoladenwerke Saalfeld
erringt Gold auf Leipziger Messe
+++ VEB Brauerei Lübz mit Spit-
zenbier »Obotrit« für Delikathandel +++ Tütensuppen aus dem
VEB Suppina Auerbach ernähren
DKR-Wissenschaftler in der Ant-
arktis +++

1985

+++ »Gelee-Halbeier gezuckert« vom VEB Halloren Halle +++ Mahlzeiten für Schüler- und Kinderspeisung »sollen sich innerhalb von 20 Tagen nicht wiederholen« +++ »Advocaat-Eierlikör Royal« des VEB Likörfabrik Zahna +++ Schokoriegel »Royal« vom Konsum-Waffelspezialbetrieb Konsü Brandenburg +++ »Berliner Exportbier« aus dem VEB Bürgerbräu Berlin +++ VEB Margon Dresden und VEB Chemische Werke Miltitz kreieren chininhaltiges Margon-Tonicwater +++ Geleeschnitten »Apfel-Zitrone« und »Blutorange« aus dem Konsum-Süßwarenbetrieb Konsü Wittenburg +++ Kombinat Nahrungsmittel und Kaffee drosselt Filinchenproduktion zugunsten Diabetiker-Flachbrot +++ Leipziger Messegold für Kaugummikugeln mit Tutti-Frutti-Aroma vom VEB Beikowa Bernburg +++ Halbbitterlikör »Ritter Bodo« vom VEB Harzer Likörfabrik und Weinkellerei Quedlinburg +++ Instant-Fruchtkaltschale »Erdbeere« aus gefriergetrocknetem Erdbeergranulat vom VEB Suppina im Delikathandel +++ VEB Weinbrennerei Meerane verpflichtet sich, »zu Ehren des XI. Parteitag der SED elf neue Spirituosensorten mit niveauvoller Ausstattung in bedarfsdeckender Menge bereitzustellen« +++

1986

+++ DKR-Bürger kaufen für 58 Milliarden Mark Lebensmittel +++ VEB Margarinewerk Rostock beliefert HOs mit Tomatensauce »Nudelfein« +++ 12 000 Dosen gärige Gewürzgurken aus VEB Spreewaldkonserve Golßen von Handel als »Bombagen« reklamiert +++ Ein Viertel des DKR-Brotes landet in der Specki-Tonne +++ Diabetikerbier »Apoldaer Dominator – Spezial« vom VEB Vereinsbrauerei Apolda +++ Schnellste Verkäuferin fertigt beim 5. Kassiererwettbewerb in Berlin zehn unterschiedlich gefüllte Einkaufskörbe in 4:09 Minuten ab +++ »De Sötschnut«-Frühstücksdessert aus dem VEB Uckermärkischer Milchhof Prenzlau +++ Riesenbovist von 11,3 Kilogramm Gewicht und 186 Zentimeter Umfang in Großdalzig bei Leipzig gefunden +++ Lübbenauer Werk des VEB Spreewaldkonserve verarbeitet täglich 35 Tonnen Weißkohl zu Sauerkraut +++ 50 000 Mark Sonderprämien zur »Stimulierung der Zusatzproduktion von Eiswaffeln« +++ Roboter packt im VEB Frischeierproduktion Gutenberg bei Halle 15 000 Eier pro Stunde ab +++ Goldmedaillen in Leipzig für Original »Köstritzer Schwarzbier – Export« vom VEB Köstritzer Schwarzbierbrauerei und »Wikinger Frühstück« aus Makrelenfilet in Anchovis-Sahne-Tunke mit Öl vom VEB Fischfang Rostock +++ Institut für Marktforschung: 40% der Lebensmittel haben schlechtere Qualität als 1980 +++

1987

+++ Leipziger Messegold für »Rotkäppchen-Sondercuvée halbtrocken« des VEB Rotkäppchen Sektkellerei Freyburg/U. +++ Zervelatwurst mit einer Länge von 25,70 Meter in Berliner Turnhalle fabriziert +++ 18-Kilogramm-Kohlrabi in Schwanebeck geerntet +++ Apfelessigproduktion »wegen geringer Nachfrage« eingestellt +++

VEB ROTKÄPPCHEN SEKTKELLEREI FREYBURG/U

1988

+++ Günter Mittag verlangt tägliche Abrechnung der Planerfüllung +++ Zwischen DKR und BRD steht es beim Pro-Kopf-Spirituosenkonsum 16 : 10 Liter, bei Bier 143 : 143 und bei Wein/Sekt 12,1 : 25,9 +++ »Fischschnitte mit Weißkohl und Kümmel« vom VEB Fischfang Rostock +++ Im Bezirk Potsdam gehen 265 Tonnen Pflaumen wegen fehlender LKW in Tierfütterung +++ Staatliche Plankommission reduziert Teebeutelinhalt für Gaststätten um ein Drittel +++ Pfirsichimporte gegenüber 1978 auf ein Viertel gesunken +++ Oderlandbrauerei in Frankfurt/Oder nimmt Bierproduktion auf +++ 150 Jahre Zuckerfabrik Klein Wanzleben +++

1989

+++ »Nudossi« geht, »Nuska« kommt +++ »Neues Deutschland« meldet: 87% der DKR-Kinder nehmen am Schulessen teil +++ Zehdenicker Huhn legt 155 Gramm schweres Riesenei +++ Feinste Schichtpralinen »Vergißmeinnicht« vom VEB Thüringer Schokoladenwerke +++ Neue Delikat-Kaffees »Sinfonie – Klassische Auslese«, »Sinfonie - naturmild« und »Mocca Exquisit« +++ VEB Ring Mittweida und Konsum-Nährmittelwerke Rotplombe Erfurt sichern DKR-Puddingversorgung +++ 661 DKR-Bürger flüchten am 16. August beim »Paneuropäischen Picknick« über die ungarisch-österreichische Grenze in der Nähe von Sopron +++ Gold in Leipzig für Frühstücksdessert »Süße Laune« vom Ostthüringer Molkereikombinat Gera +++ Nach Hilferuf liefert Hamburger Holsten-Brauerei 700 000 Liter Bier zum Weihnachtsfest nach Dresden

1990

+++ 825 Jahre Messe in Leipzig +++ »Knusper-Müsli mit Früchten« in Folienbeutel vom VEB Nährmittelwerk Colditz +++ Erstes DKR-Dosenbier »Lübzer Pils« von Brauerei Lübz nach deutschem Reinheitsgebot +++ Reichelt und Tengelmann bieten in der DKR-Hauptstadt Obst, Gemüse, Süßwaren, Kaffee und Grundnahrungsmittel an +++ »Mövenpick Ice Cream Boutique« in Dresden +++ Ab 1. Juli Westmark alleingültiges Zahlungsmittel: DKR gibt nach 45 Jahren den Löffel ab +++

Abkürzungen

ABI	Arbeiter-und-Bauern-Inspektion	NVA	Nationale Volksarmee
		ON	Optimierte Nahrung
ASMW	Amt für Standardisierung, Meßwesen und Warenprüfung	POS	Polytechnische Oberschule
		RGW	Rat für gegenseitige Wirtschaftshilfe
DEWAG	Deutsche Werbe- und Anzeigengesellschaft	SAG	Sowjetische Aktiengesellschaft
EOS	Erweiterte Oberschule	SED	Sozialistische Einheitspartei Deutschlands
EVP	Einzelhandelsverkaufspreis		
HO	Handelsorganisation	SMAD	Sowjetische Militäradministration in Deutschland
HOG	HO-Gaststätte		
LKW	Lastkraftwagen	TG	Technische Gütevorschriften und Lieferbedingungen
LPG	Landwirtschaftliche Produktionsgenossenschaft		
KIM	Kombinate Industrielle Mast	TKO	Technische Kontrollorganisation
KoKo	Kommerzielle Koordinierung	VEB	Volkseigener Betrieb
MHO	Militär-Handelsorganisation	VdgB	Vereinigung der gegenseitigen Bauernhilfe
MITROPA	Mitteleuropäische Schlafwagen- und Speisewagen-Aktiengesellschaft		
		VM	Valutamark
		VVB	Vereinigung Volkseigener Betriebe
NSW	Nichtsozialistisches Wirtschaftsgebiet	WtB	Waren täglicher Bedarf
		ZK	Zentralkomitee

Im Jubiläumsjahr 1999
Tag für Tag:
DDR pur

50 Jahre nach der Staatsgründung und
10 Jahre nach dem Fall der Mauer
blickt dieser Kalender zurück auf das,
was den Alltag im Osten ausmachte:
die Waren des täglichen Bedarfs, die
Erfolgsmeldungen der Betriebe und
LPGs, offizielle Gedenk- und Feiertage.
Eine unverzichtbare Erinnerung
an vergangene Zeiten.

Tobias Stregel · Fabian Tweder
Wegen Warenannahme geschlossen
Kalender 1999
12+1 Blatt · durchgehend vierfarbig
Din A3 Hochformat · Spiralbindung
DM 24,80 · ISBN 3-8218-7109-1

 *Eichborn.*

Kaiserstraße 66
60329 Frankfurt
Telefon: 069/25 60 03-0
Fax: 069/25 60 03-30
http://www.eichborn.de

Wir schicken Ihnen gern ein Verlagsverzeichnis.

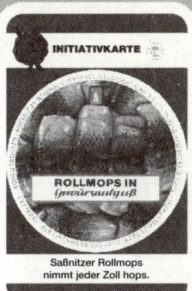

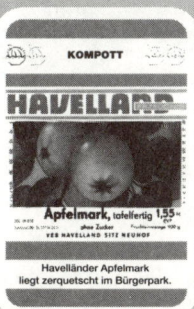

e.1998